稼げる投資家になるための
投資の正しい考え方

歴史から学ぶ30の教訓

著 上総介 かずさのすけ

PanRolling

序章

はじめまして。投資家の上総介と申します。私が株式投資に出合ってから、かれこれ15年以上が経ちました。兄がやっていたのを見て、ただなんとなく真似をして始めたことが株式投資を始めた最初のきっかけです。今では、専業投資家として7年間以上の歳月が流れ、年間損益でマイナスを出したことはなく、1億円以上の資産を築くことができました。

私の今の生活はサラリーマン時代と大きく変わりました。海外旅行には年4回以上、国内旅行は年10回以上、2013年には海外に滞在しながらの投資も考えています。また、専業投資家になってからの念願の夢であった1カ月の夏休みも、2012年に取得でき、沖縄での休日を満喫できました。私はこれを「子供の頃の夏休み再び」と名付けました。ただ、夏休みといっても、完全な休みではなく、投資をセットにしてのお休みです。戦略Aから戦略Jまでの10通りの投資の仕掛けを作りました。この2012年の「子供の頃の夏休み再び」の期間中に得られた利益は、およそ680万円になります。投資の醍醐味はここにあります。投資とは無関係のことをしながらも、投資法を間違えなければ、仮に私のように、沖縄で毎日浜辺にいても利益を得られることがあるのです。

現代の科学では、200歳まで生きることは不可能です。人生には限られた時間しかありません。しかし、時間を増やすことができないとしても、今ある限られた時間を、最も有意義な時間として使うことができるならば、寿命を延ばすのと同じ効果が得られます。そして、投資で成功できれば、その貴重な時間を、自分にとって最も有意義なことに費やすことができるのです。

しかし、投資で成功するのは簡単ではありません。そうなんです。普通に何となくやっても、まず儲かりません。儲からないだけならよいのですが、ご自身の資産を減らすはめにまで陥る場合も少なくありません。

私は今、「普通に何となくやっても儲からない」と言いました。

投資で利益を上げるためには、きちんとした根拠が必要になります。世の中には投資の手法を紹介した書籍が数多あります。私も過去に数百冊の投資書籍を読みました。中には、まったく意味もない本もありましたが、その一方で、有益な投資法などを紹介している素晴らしい書籍などがあるのも事実です。ただし、物事には順番というものがあります。例えば、家屋を新築するときには、まず基礎工事をしっかりとやって、がっちりとした土台を作ってから上物を建てます。基礎工事をしっかりとやっていないと、どんなに素晴らしい家屋を新築しても、長くは持たずに倒壊の憂き目に遭います。

投資を学ぶときも同じです。投資においては、まず基礎をしっかりと学び、投資における土台をがっちりと固める必要があります。この投資の基礎がないままに投資手法の攻撃面だけを学び、結果として運良く利益が上がったとしても、相場の荒波が1回でも押し寄せれば、すべての利益は雲散霧消します。

逆に、しっかりとした投資の基礎を固めておけば、その後に来るであろうかなりの相場の荒波にも耐えられます。だからこそ、投資で成功するために、まずは土台となる「投資の正しい考え方」を理解する必要があるのです。

本書では、全6章30話からなる投資の正しい考え方を紹介しています。また、歴史の面からの事例も紹介して、投資の正しい考え方を説明しています。

私は、真の理解をするためには、歴史の事象を学ぶことが最適であると自負しています。なぜなら、投資では「なぜ」そのような考え方になるのか？　という点がわかりにくく、どうしても表面的な理解で終わってしまうことが多くなるからです。

しかし、投資の土台を学ぶということになれば、表面部分ではなく、その根本にある**趣旨の部分を学ぶ**必要が出てきます。表面部分だけを学んでも応用は利きませんが、根本となる趣旨の部分を学べば、すべての場面において応用が利きます。その趣旨の部分を学ぶにあたって、歴史の事象から紹介する以上の効用はないと考えています。

前述したように、投資で成功するためには、しっかりとした「投資の土台」が必要です。本書は、その「しっかり」とした投資の正しい考え方を学ぶためのものですから、歴史に興味がない方にも、極力、わかりやすく読んでいただけるように配慮をしました。

私は、過去にいろいろなマネー誌や雑誌などで、成功した投資家として紹介していただきました。取材のときなどには、「上総介さんの特殊な投資法を少しでも読者に公開してもらえませんか？」などと言われたことがあります。また、時には、投資セミナーなどの依頼も頂戴して、謝礼として驚くような金額を提示していただいたこともあります（すべてお断りしました）。そのときに私が思ったことは、「何も説明することがない」ということでした。このように言うと、「またー、うそー」などと言われることが多いのですが、実はこれが本当なのです。私は投資の教科書に載っている基本的なことを、当たり前に忠実に行っているだけなのです。

では、何も特殊な手法を持たない私がなぜ専業投資家を続けられ、また1億円以上の資産を築くことができたのでしょうか？　私の場合、過去に数百冊にものぼる投資書籍を読破し、さまざまな投資セミナーなどにも通い、また、いろいろな投資家の方たちのブログを読み、さらに相場で潤沢な経験値を積んだ結果、投資における正しい考え方が身についています。この投資における正しい考え方を基本としながら、あとは、投資の基本にあるようなことを忠実に行って、利益を上げているのです。これが、私が投資で成功している秘訣です。このように、私には特殊な投資法などというものはありません。

私は長年において、実にさまざまな投資家の方たちを見てきました。その経験から、成功する人と失敗する人には、ある特徴の違いがあることに気づきました。それを紹介します。

まず、失敗する人の例です。

投資が何なのかもわからないうちに、丁半ばくちのような投資を行い、経験値が得られる前に投資予算をほぼなくしてやめていく。よく、「株だけには手を出すな」などという言葉を聞いたことがありませんか？　これは株式投資というものが何なのかさえわからないうちに損をしてしまった方や、そのような話を聞いた方が言う代表的な文句になります。失敗する人の代表的な例をまとめると、投資の正しい考え方を知らずに、また投資の経験値を得る前に、資金を失ってしまい、投資は怖いからもうやめようとなるパターンが圧倒的に多いのです。

では、成功した人はどうでしょうか。

おおよそ、どこかで多少痛い目には遭うものの、それを教訓として、投資の経験値を積み、さらに投資の正しい考え方を学び、いろいろな投資の勉強をしてきたというパターンが多いです。キーワードは、**「投資の経験値」**と**「投資の正しい考え方」**です。では、成功するためにはどうしたらよいのでしょうか。それは、失敗してしまった方の逆を行い、成功した方を真似ればよいのです。

ここで、投資で成功するための、最善の経験値を得られる方法を紹介します。最初のうちは、お金を儲けようとは思わず、目に見えない経験値を積み上げるために、勉強をしながら投資を行います。そして、ちょっとでも危なくなったら、すぐに損切りをして、ご自身の投資資金を守るのです。このご自身の投資資金を守るということは、実は、ご自身の投資による夢も同時に守っているのです。仮に最初の投資予算が５０万円としましょう。なんとか、半年から1年で投資の経験値を積みながらも、投資予算を４０万円以下にしないように防御し続けます。早ければ1～２カ月で投資予算が上昇に転じる方もいるはずですが、ここでは、あせらずに、じっくりと経験値を蓄積していきましょう。かなり地味に見えますが、私の経験と、いろいろな投資で成功する方、失敗する方たちを多く見てきた結果、この方法が最も投資で成功するための近道になると確信しています。目には見えませんが、投資において財産となる経験値を、極力、少量のお金で蓄積していくことが大切なのです。

ロールプレイングゲームに例えるとわかりやすいでしょう。普通は、あるモンスターを倒すために、小さな敵を倒し続けて経験値を蓄積し、自分自身をレベルアップさせると思います。投資もこれと同じです。投資の世界には、海千山千のツワモノのモンスターが雲霞のごとくいます。そのツワモノのモンスターに勝つためには、やはり経験値が必要になります。そして、その経験値が黄金の剣となるのです。なお、バーチャルでこれをやろうと考える方もいらっしゃるかもしれませんが、それはお勧めしません。最初の様子見だけであればバーチャルでもよいかと思いますが、いざ、経験値を得るためには、やはりご自身のお金を使うことに優るものはないからです。

いろいろなことを述べてきましたが、最後に、本書の題名でもある「投資の正しい考え方」のさわりだけ紹介します。

私の投資での勝率はあまり高くありません。5０％から6０％そこそこというところです。そして、私はトレードを行うと、実によく負けます。しかし、私の負けには致命傷的なものはなく、最後には勝つのです。

私が長年にわたり見てきた相場の世界においては、成功する人とは自滅しない人だと言えます。逆に、成功しない人とは自滅してしまう人（圧倒的）だと言えます。これが投資の正しい考え方になります。

これから投資を始めようと考えている方や、すでに始めているけれどもうまくいかない方には、投資の基礎となる教科書として、また、ベテランの方には投資の正しい考え方の基礎の再確認の書として、本書を活用していただければ幸いです。皆様の成功を願ってやみません。

上総介

※本書で紹介している歴史の事象には諸説があります。その一説を紹介しているため、本書での歴史の解釈が正しいというわけではありません。
※本書を読めば誰でも必ず投資で成功できるわけではありません。

目次

第1章

投資で勝ち抜くための基本原則

1

投資の基本原則について

2008年のリーマンショックでは、歴史的な相場の下落があったりなど、過去の経験則が逆に仇となってしまうケースも見られるという、とても難しい展開を強いられました。相場が大きく動いているときは、大きなチャンスがあるといえます。しかし、それは同時に大きな危険もあるということを忘れてはいけません。そのため、私は投資を行ううえで、まず第一に防御を考えるということを心がけています。

優先順位は、一番に防御、そして二番に攻撃です。

これこそが、投資で長く勝ち抜いていくうえでの、ほぼ必須条件となりますので、本書の先頭に紹介させていただきます。

この考え方は、歴史上の偉大な人物たちも採用していました。中国の三国時代、天才軍略家と言われた諸葛孔明を例に、歴史の事象を紹介させていただきます。

孔明という人物は、兵法を心得た、他に類を見ない百戦錬磨の天才軍略家でした。当時、孔明という名前を聞いただけで、逃げ出してしまう敵兵もいたと言われるほどの勇猛ぶりでした。

この孔明は、先代の主君の志を継いで、隣国にある魏（現河南省が都）に、自国の蜀（現四川省が都）の軍勢を率いて何度も遠征しましたが、ついに命脈尽きて、魏の討伐は果たせませんでした。孔明は魏を攻める際に、当面の目標を長安（現西安）に定めていました。

蜀の最前線にある漢中から長安を目指すに

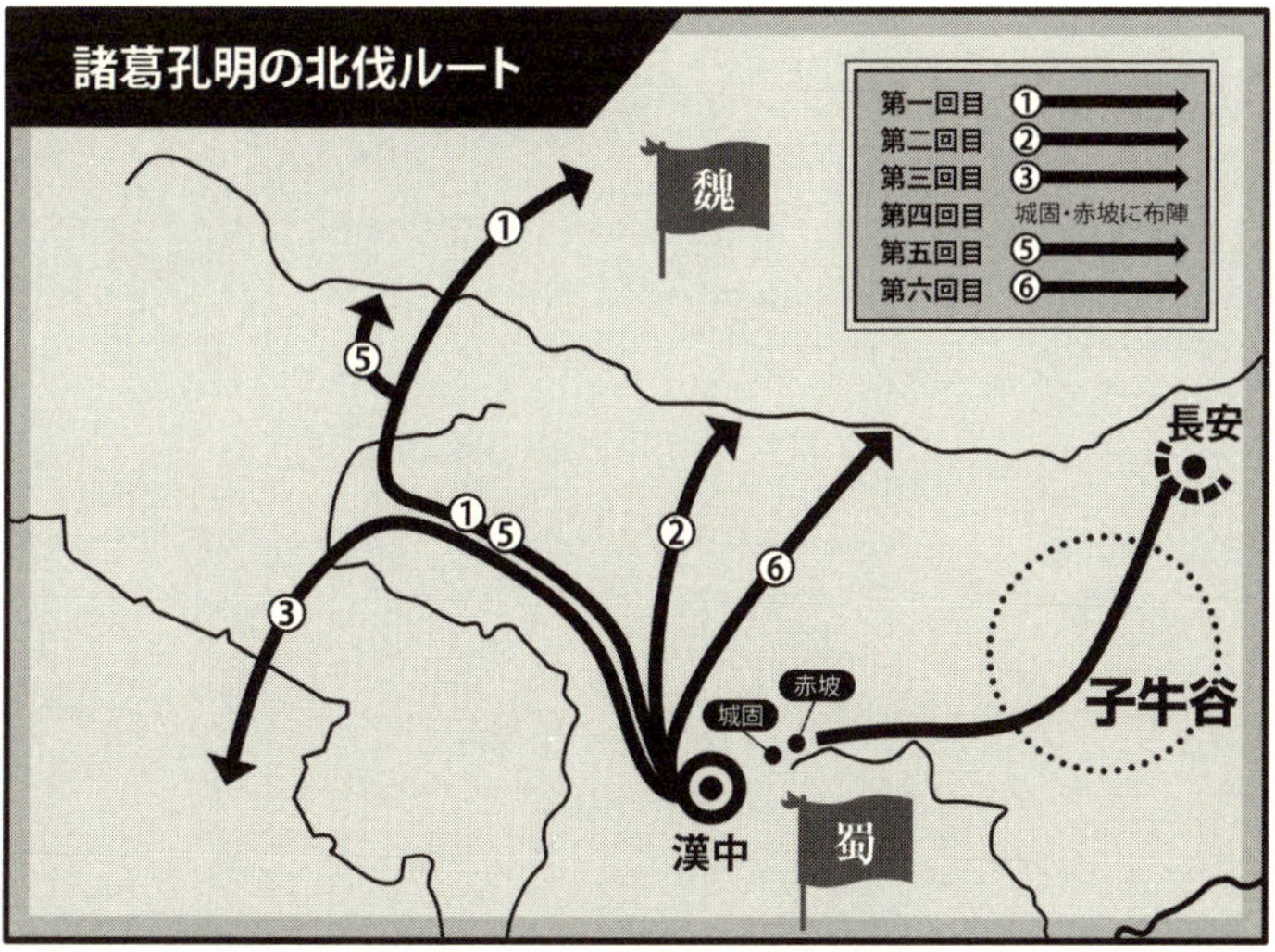

漢中から長安への最短ルートには「子午谷」と呼ばれる、不覚を取った場合には大きな痛手を負うおそれのある難所が存在

は、いくつかのルートがありました（前ページ参照）。その最短のルートに子午谷（しごこく）という道がありました。この道を通れば、あまり時間をかけずに長安に至ることができます。しかし、孔明はこの子午谷を通ることは、一度もありませんでした。部下の将軍からは、何度も子午谷を進みましょうという提案を受けましたが、彼は首を縦に振らず、漢中から出陣すると、毎回、西から大きく迂回して、長安を目指したのです。

孔明が「なぜ最短ルートである子午谷を通らなかったのか」については諸説ありますが、その最たる理由として挙げられるのが、「万が一にも不覚を取った場合、自軍が全滅もしくは再起不能になるほどの損害を被る恐れがあったため」です。孔明は、その「万が一」を避けるために、子午谷のルートを選択しませんでした。孔明ほどの天才軍略家と言われた人物でさえ、「万が一」の大損害を避けるために、自軍が有利に戦いを進められそうなルートを選んだのです。そして、そのルートは、子午谷よりも、何倍も長安を遠いものとさせるのを承知のうえでの選択でした。

孔明は結局、長安に至る前に病没しましたが、最後は五丈原というかなり長安に近いところまで進軍しました。

ここで特筆すべきは、孔明という天才が、生きている間に（死ぬのを察知していても）、子午谷を通っての長安攻略という賭けに出なかった点です。

この結果を受けて思うことは、孔明ほどの他に類を見ない百戦錬磨の天才軍略家であれば、仮に、少し危険な子午谷を通っても、十分に用心して行くことで、結果的に長安を攻略できたのではないかということです。
しかし、この考え方は順序が少し違うことに気がつきました。孔明は、子午谷というルートを通るような危険な戦略はしない人物だったからこそ、他に類を見ない百戦錬磨の天才軍略家だったのです。

百戦錬磨の天才軍略家の孔明
↓ だから
少しくらいの危険なことは用心すれば大丈夫

これは話の流れが違います。

守りを第一に重視して危険なことはしない
↓ だから
孔明は百戦錬磨の天才軍略家になれた

こちらが正解です。この孔明の基本戦略から、具体的に相場を見てみましょう。

次ページは、2012年4月~6月のDeNA（2432）の日足チャートです。

5月2日に2490円あった株価は、ゴールデンウィークをはさんで急落、休み明けの5月7日には、ストップ安である1990円の株価をつけています。この株価の急落の原因は、いわゆるコンプガチャ問題です。ゲーム会社の課金収入の大きな柱となっている「コンプリートガチャ」について、景品表示法に抵触する可能性が連休中に伝えられていました。それを受けて、株価が急落しました。

さて、チャートを見てみましょう。相場上では大きなチャンスがあるように見えます。

ゴールデンウィーク明けの5月7日、コンプガチャ問題が実は大した問題でないならば、ここは絶好の逆張りポイントです。株価が戻れば、大きな利益が得られます。

しかし、その反面、予想以上に問題が大きかったり、大口が投げを始めたりしたら、ここでの逆張り買いはとんでもない大火傷となります。

目の前に、大きな利益（長安攻略）になるかもしれないチャンスはあるけど、資産に著しい損害（自軍の全滅、再起不能）が生じるおそれも十分にあります。孔明の教訓を軸に考えると、ここは、DeNAのような玄人が集う銘柄（子午谷）を攻略するのではなく、こつこつと利益が上げられるようなほかの銘柄（西からの大きな迂回ルート）を選択して、トレードをするべきという結論にいたります。

このような展開のDeNAは、よっぽど腕に自信のある熟練の人がやるべきで、一般の方や、ま

◆ＤｅＮＡのチャート（2012年４月～６月）

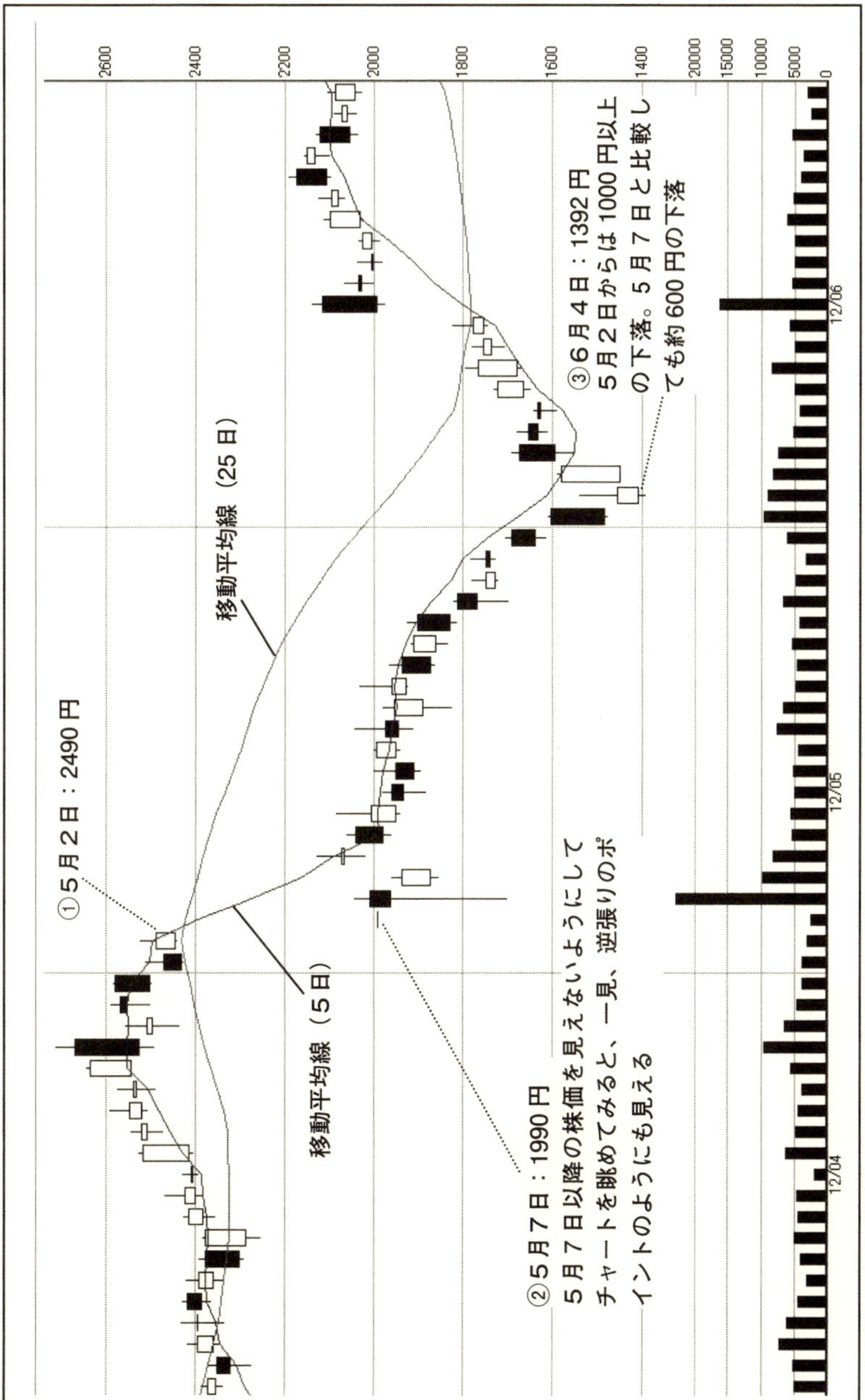

※本書では特に断りがない場合、移動平均線の短期は５日で、長期は25日です

してや初心者の方は、やるべきではありません。リターンは大きいけど、リスクもたいへん大きいからです。

ちなみに、私自身もこの展開でのDeNAは仕掛けません。このような展開の真に恐ろしい部分は、結果的に運良く勝ちとなった場合に現れます。この勝ちを自分の実力と勘違いして、次のトレードでは、もっと大胆に行動するようになることが簡単に予想できるからです。この点は、後述する第3章16話で詳しく紹介するので、詳細は省きます。

DeNAのその後の結果をチャートで見ると、株価はさらに下落していき、6月4日には、1392円の株価をつけています。もしも、株価が下がったからと、途中で安易に買っていたら、大火傷を負うところでした。

回り道のほうが近道になることもある

孔明の基本戦略とは、自軍（自分の資産）を極力、安全な位置に置いて、着実に一歩一歩、進軍していくことです。危険が大きな地点でのトレードは、仮に大きなチャンスがあっても、余程の優位性がなければ仕掛けないように心がけましょう。これを怠ると、仮に10回続けて成功しても、その後、わずか1回の失敗ですべてを失う羽目に陥ります。

正考
seikou

優先順位は一番に防御、二番に攻撃です。

2 常に割に合う投資を行う

「孫子の兵法」という言葉を聞いたことがあると思います。孫子の兵法とは、紀元前の中国において、兵法家の孫武（そんぶ）が著した書で、現代においては、人間心理の書としても読み継がれています。

本書では、トレードにおいて大変参考になるために、幾度となく紹介させていただきます。

全十三篇からなる孫子の兵法の九変篇に「智者の慮は必ず利害に雑う」というものがあります。

是（こ）の故に、智者の慮（りょ）は必ず利害に雑う（まじう）。
利に雑りて而ち（すなわち）務め信なるべきなり。
害に雑りて而ち患いは解く可し。

これは、簡単に言い換えると次のような意味になります。

賢い者は、何かをするときに、必ず利（メリット）と害（デメリット）について併せて考える

この「併せて」という点が重要ポイントになります。どんな物事にも、利益があるところには必ず害もあります。それ故に、良い結果を導くには、利益の面ばかりを考えるのではなく、必ず、その害になる面を併せて考えることが大切になります。また、その逆に、一見、害がいっぱいあるものでも、利益の面を考えることで、正しい判断が可能となります。

「ピュロスの勝利」という言葉があります。孫子の兵法にて、「智者の慮は必ず利害に雑う」と語れるときに、よく紹介される言葉として知られています。これは「損害が大きく、得るものが少ない」、さらに簡単に言うと、「割に合わない」という意味の慣用句です。この言葉の由来は、紀元前3世紀末、当時、新興国家のローマがイタリア半島南部の国家タラス（タレントゥム）の領地を狙って戦争となった事象から生まれました。タラス側の守将ピュロスは、二度の大戦（ヘラクレアの戦い、アスクルムの戦い）でローマ軍を破り勝利を収めましたが、得るものは何もありませんでした。

逆に、ローマ軍は、二度の敗戦からピュロスの戦術を研究して、三度目の戦い（ベネウェントゥムの

戦い）において、ついにピュロスの軍を殲滅しました。その勝利によって、ローマはイタリア半島南部の攻略に成功し、ついにイタリア半島全土をその支配下に置いたのです。この戦いにおいて、二度、完勝したときのピュロスは何も得られず、逆に、一度の勝利を挙げただけのローマは、敵の領地を手に入れました。ピュロスはアレクサンドロス大王の後継者として、戦術の天才と言われた人物でした。そのピュロスは、二度の大戦が終わった時点で、部下にこう述べたそうです。

もう一度戦ってローマ軍に勝ったとしても、我々は壊滅するだろう

ピュロスは戦うたびに、ギリシアからの遠征を繰り返し、勝利を掴みながらも、自軍の将兵が減っていく様子を感じていたのです。戦いにおいて、割に合わなければ、一時的に勝てたとしても、最後には滅亡するということは、その歴史が証明しています。

これはトレードでも同じです。トレードを仕掛けて、得るものが少なく失うものが多い場面では決して仕掛けてはいけません。そのようなトレードを何度も行うと、最後には必ず滅亡への道（資産減少）を歩むことになります。それでは、具体的に相場を見てみましょう

次ページは、野村ホールディングス（8604）の2011年7月から2012年3月までの日足チャートです。

2011年の7月には400円あった株価（チャートの①）が、じわじわと下落をして、2011年11月25日には、223円の株価（チャートの②）をつけています。その後、一旦、260円ほどまで上昇するものの、またじわじわと下落します。しかし、その下落幅がだんだん小刻みになっていき、年明けの2012年1月4日には長い陽線をつけました。直近の安値は年末につけた231円で、前回の安値は11月25日につけた223円のため、直近の安値は前回の安値を下回っていません。ここはダブル底という投資チャンスになる可能性があります。仮に年明け1月4日の陽線の翌日5日の寄り付きの247円で野村ホールディングスの株を購入してみたとします（チャートの③）。ここでの株購入の根拠は、2011年7月の株価400円近辺から下落してきて、半値近くになった株価あたりでダブル底を形成しそうであり、株価が反転上昇するのではないかという期待への思惑のためです。

さて、本章1話では守りが第一と説明しました。まず守りから考えます。今回、仮に野村ホールディングスの株を購入した後、思惑がはずれる場面とは、どこでしょうか？

それは、ダブル底を期待しながらも、直近の安値11月25日の223円を下回る場面です。

◆野村ホールディングスのチャート（2011年７月～2012年３月）

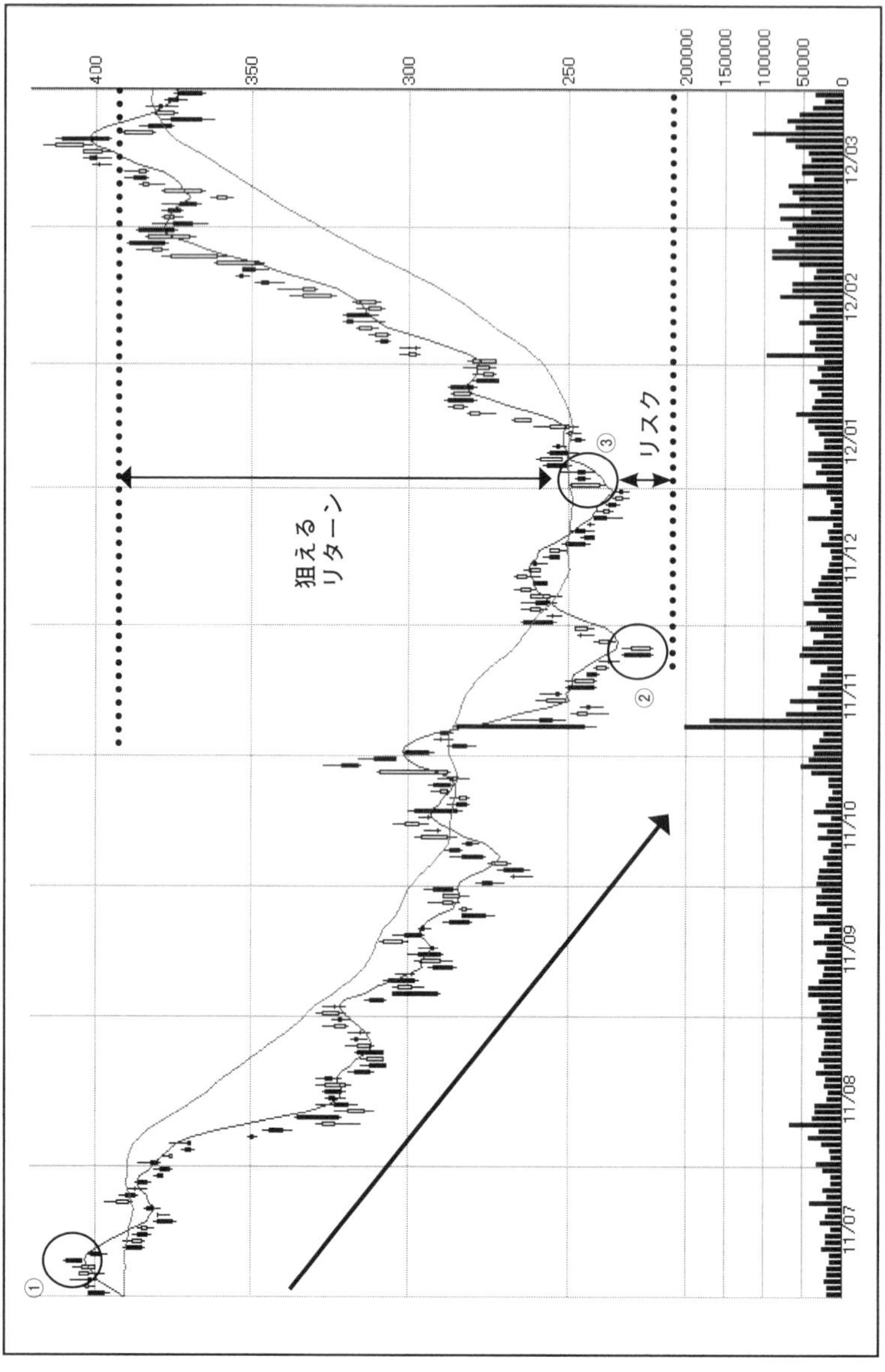

多少は株価のブレで下回ることもあるため、ここでは210円あたりで、実質、ダブル底の根拠が崩れたと想定しましょう。そこが損切りの場面となります。

では、利益確定の場面はどこでしょうか？　2011年7月の400円近辺からじわじわと下落してきたのです。うまくすれば、400円近辺まで戻るかもしれません。このような場合、私は400円を目標とはせずに、その手前である397円くらいを目標とします。なぜなら、利益確定や戻り売り等で同じことを考えているような人たちは、この400円という節目を目標としていることが多いため、その少し手前あたりのほうが確率が良くなるためです。

では、ここで孫子の兵法とピュロスの勝利の観点から、このトレードを考察してみましょう。野村ホールディングスの株を247円で仮に購入しました。自分の思惑がはずれて損となる場合は、株価が210円に到達したときです。そのときは37円の損失が発生します。では、今度は自分の思惑が当たった場合です。247円から397円まで上昇するので、150円の利益となります。実際、このときの野村ホールディングスの株価は、チャートにあるように、2012年1月4日に長い陽線を引いた後、多少もみ合いながらも、思惑通り、ダブル底をつけて上昇に転じています。そして、3月14日には、目標の397円に到達しました。自分の思惑通りになったケースとなります。

虎の目の前にあるお金（少ない）と、猿の目の前にあるお金（多い）。リスクとリターンを考えれば、どちらが割りに合うのかは一目瞭然です

損をする場合はマイナス37円で、利益となる場合はプラス150円です。これは割の良い投資ということになり、孫子の兵法の示すところとなります。このように、**トレードでは常に「割の良い場面を探して」仕掛けましょう。**

利（メリット）と害（デメリット）を併せて考えて、それが仕掛けるに足る場面なのか否かを判断するということが、トレードにおいて極めて重要になります。孫子の「智者の慮は必ず利害に雑う」を忘れないように、日々、トレードに臨むことが成功への一歩になります。

正考
seikou

常に割の良い場面で投資を仕掛ける。

3 経験値の重要性

イギリスのことわざに以下のようなものがあります。

Experience without learning is better than learning without experience.

日本語訳をすると「学問なき経験は経験なき学問に勝る」になります。

投資の世界でも、このことが当てはまることは多くあります。投資の教科書に書いてあることと、現実が一致しないのです。このような場面では、極めて難しい判断を迫られますが、こういうことは歴史上においても頻発した事象です。今回は中国史からその教訓を得たいと思います。

中国の戦国時代、紀元前260年に長平の地（現山西省）において、秦（しん）の国と趙（ちょう）の国で戦いが起こりました（長平の戦い）。秦の軍勢はおよそ6万、趙の軍勢はおよそ40万。兵力では趙のほうが圧倒的に勝っていましたが、緒戦で3連敗を喫した趙軍は、短期決戦を避けて守りに徹し、籠城します。このときの趙軍の司令官は、歴戦の勇者であり、兵力に物を言わせて無駄に出撃するような者ではありませんでした。その司令官の籠城は2年にも及びます。

攻めあぐねた秦は、趙の司令官を交代させる策略を仕掛けます。この策略にまんまと乗った趙の国は、司令官を趙活（ちょうかつ）という将軍に交代させます。この趙活という将軍は、父親が名将であり、また自身も幼い頃から兵法をよく勉強し、兵法の大家として自他共に認める高名な人物でした。名将と呼ばれた父親と兵法論を戦わせれば、時にはその父親を言い負かすほどで、兵法の知識においては、趙の国で右に出る者はおらず、まさに天才と呼ばれていました。

趙活は、長平の地に駐屯する趙軍40万の司令官になると、今までの司令官が行っていた守りに徹する作戦をすべて変更します。趙活は兵力に物を言わせようと、城から打って出て秦軍と激突します。このときに秦軍の指揮を執っていたのは、天下で右に出る者なしと言われた秦の名将、白起（はくき）将軍でした。白起将軍は、趙活に計略を仕掛けると、趙活はまんまとその計略に嵌まります。趙活はなんとか挽回を図ろうとしますが、白起将軍の前にはなす術もなく、ついに全身に矢を浴びて討ち死にしてしまいました。長平の戦いは、ここで決着がつき、司令官が討ち死にした趙軍40万人は秦軍に降伏します。その後、秦の白起将軍は、その降伏兵40万人を、少年兵を除いてすべて生き埋めにしてしまいました。

この長平の戦いは、40万人を生き埋めにするという世界史上の大殺戮として、語られています。実際に1995年の発掘調査では、おびただしい数の人骨が発見されたそうです。

なぜ、兵法の大家と言われた趙活は敗れたのでしょうか？

彼には誰も適わない兵法の知識があったものの、実戦経験がありませんでした。気候やその地形、物資の量、兵の状態などに合わせて臨機応変に動いてはじめて、兵法はその効果を発揮するものなのです。その応用力は実戦経験によって培われます。その実戦経験がなかったために、秦の名将白起将軍の前では、趙活は赤子同然に敗れてしまったのです。

トレードでも同じことが言えます。では、具体的に相場を見てみましょう。

次ページは、ジーンズメイト（7448）の2012年6月～10月の日足チャートです。150円から180円あたりで推移していたジーンズメイトの株価は、8月22日に出来高

◆ジーンズメイトの2012年６月～10月の日足チャート

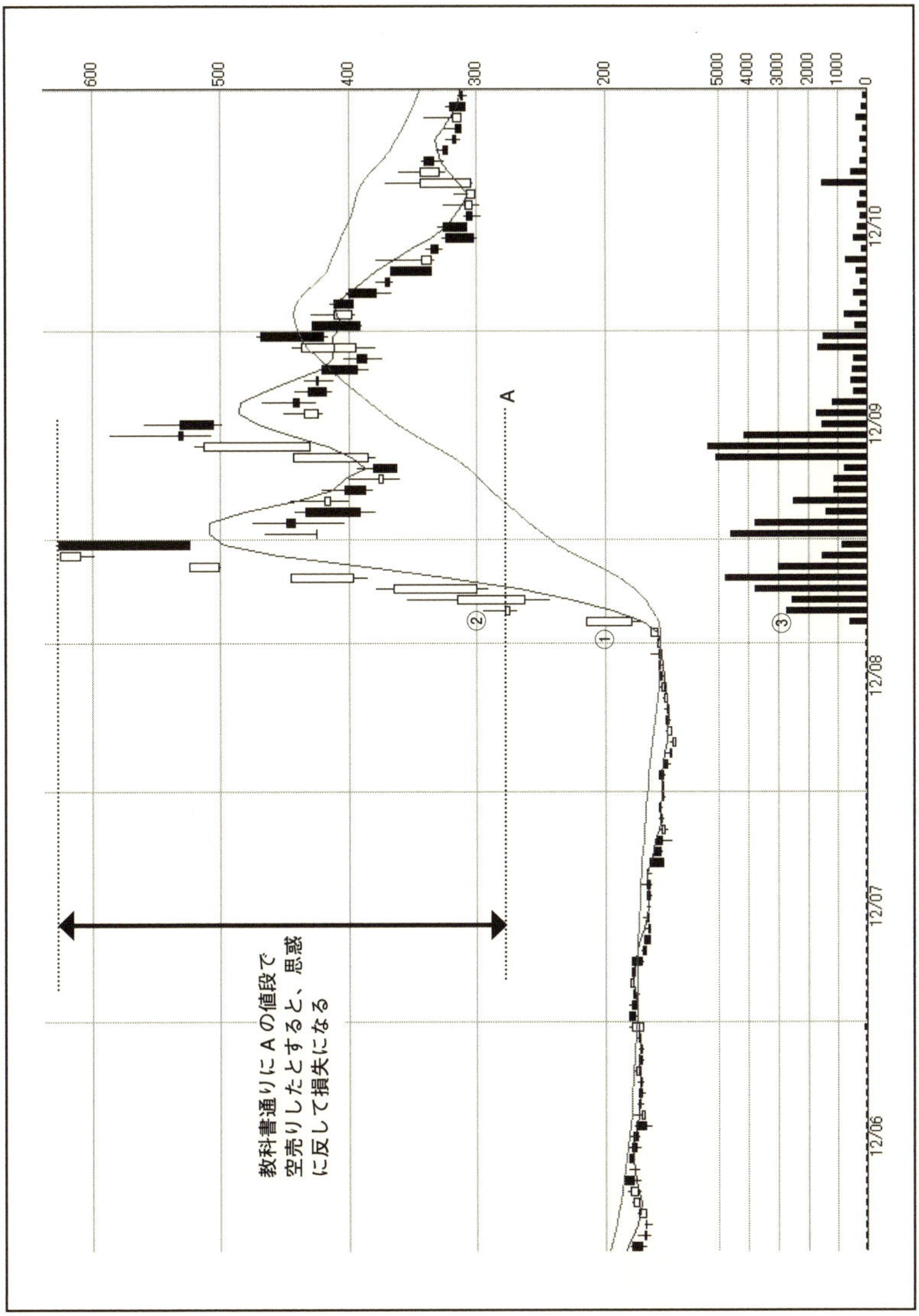

を伴って215円まで急騰します（チャートの①）。これは8月の月次動向が好調で、既存店の売上高が3カ月ぶりに前年同期比で増加し、全店の売上高も5カ月ぶりに増加したためです。その翌日23日には、窓を空けて株価はさらに上昇し（チャートの②）、ローソク足も上ヒゲをつけて終了しました。日々、数千株から3万株くらいしかなかった出来高は、23日には271万株という実に100倍もの出来高を記録しています（チャートの③）。これだけの出来高急増に、上ヒゲがつくと、一旦、株価は天井をつけると教えている教科書が多くあります。さらに、株価が上昇した理由の前年同期比売上増は、これ以上、株価を上げる材料としては、少々、物足りないと考えるのが一般的かもしれません。過去の株投資の勉強からは、ここは株価の下落を予想して、空売り（株価が下がると利益になる取引）を入れる場面になります。なお、ボックスの上抜けによる出来高増の買いという解釈もありますが、ここでは採用しません。

仮に8月23日の上ヒゲがついた終値の278円で空売りを入れたとします（チャートのA）。翌日24日には、ギャップダウンの263円で寄り付き、一旦、下に振れて安値244円をつけるものの、終値では300円を超えて上昇していきました。「投資の教科書通りならば、23日の上ヒゲで下落するはずだから、株を返済せずに含み損を抱えながらも辛抱してみよう」と思っていると、8月30日には高値625円まで上昇してしまいます。278円で空売りを入れていたので、625円で返済したとすると、損失は347円となり、計算上ではこの1回のトレードで、投資した金額以上の資金を失う計算になります。まさに趙活が、長平の戦いで40万人の兵士を失ったのと同じケースです。

投資の勉強で得た知識が正しくても、それは、あくまでも「そうなることが多い」ということであり、いついかなる場合も正しいのは現実の相場になります。

「相場は相場に聞け」という格言があるのをご存知でしょうか？　これは、このようなケースでは、理屈で計り知れないことが起き得るのが相場なので、素直に相場に従うべきだという教えなのです。私も投資を始めた頃は、教科書通りの投資を行い、幾度も痛い目に遭いました。今は相場の経験値があるために、多少は痛い目にも遭いますが、投資金の大半を一度に失うようなトレードはありません。

株式相場では、時に説明がつかない株価の動きをする場合があります。それに対処するには、やはり経験値が重要です。経験値があれば、どこか不自然な株価の動きを察知して、明確にこれこれがいけないからダメだと判断できなくても、何かがおかしいから、一旦、撤退（損切り）しておこうなどと考えたりできます。

投資で利益を得られるか損失を出すかは、紙一重の場合が多々あります。そして、そのときの分水嶺になる大きなひとつが、経験値になります。余談になりますが、趙活も兵法の大家とまで言われた人物でしたから、経験豊富な名将の下で、きちんとした実戦経験を積んでから戦いに臨んでいれば、ひょっとすると、歴史上の大戦略家として名前が残っていたかもしれません。

投資で長期的な成功を目指すには、この経験値の大切さを頭に入れておく必要があります。仮に50万円あった投資金が、1年の間に10回の投資を行って、40万円になっていた場合、目に見えている投資金10万円は損していますが、その一方で、目には見えない大きな経験値を手に入れているのです。それは、**成功へのプロセスである可能性が十二分にある**ということ

経験値は投資をしていくうえでの財産になります。投資を上達させたいと考えているならば、とにかく経験を積み重ねることです

です。にもかかわらず、ここで、目に見えている投資金が減っているからうまくいかないと考え、痺れを切らして丁半ばくちのようなことをしてしまう方を過去に大勢見ました。私の目から見ると、とてももったいないと思います。

目には見えませんが、極めて大切な経験値を蓄積していくことが、投資の成功への近道であるという点を確認したいと思います。なお、「学問なき経験は経験なき学問に勝る」のですが、だからと言って投資の勉強がいらないわけではありません。潤沢な経験値と、潤沢な勉強が、最強の投資家を誕生させるのです。私も日々の努力を怠らないように、今後も精進したいと思います。

正考
seikou

経験値の重要性を意識する。

4 自分の精神状態を考慮に入れる

トレードを行うときに、自分の精神状態に気を配ることはありますか？

案外、考えたこともないと言われる方も多いのではないでしょうか。人には感情というものがあります。この「人の感情」がトレードに与える影響は、想像以上に大きいと理解することがとても大切です。

２０１１年3月１１日、痛ましい東日本大震災が起きました。人々は物資を求め、東北地方はもちろん、関東でもスーパーやコンビニの棚から商品が消え、平常時では考えられない状態に陥りました。このときの我が家には、水や食料、携帯トイレ、ローソクなど、２カ月間は家から出なくても大丈夫な備えがありました。投資を長年続けているためか、リスクに対しての備えが敏感になっていたのです。

私はこのときに、非常食などの効用について悟ったことがあります。もちろん、食べ物がなくなったときなどのための文字通りの非常食ですが、それは第２の効用です。実は第１の効用とは、自身がパニックにならないためのアイテムだと悟りました。私は非常食などを十分に備えていたため、当時、それらについてはなんらの心配もなく、当然、スーパーやコンビニには出かけていません。他方、非常食などを用意していなかった人たちは、おそらくスーパーやコンビニに出かけたと思います。これは、今、食べ物を確保しなければなくなってしまうと考えての行動ですから、至極、当然のことです。皆が皆、同じ行動をした結果、さらに食べ物がなくなるという不安の心理の連鎖も働いたとすると、このような行動も止むなしだと思います。ちなみに、私も非常食を用意していなかった場合、間違いなく同じ行動をしていたと思います。

ここで大切なポイントは、万一、災害が起きた場合、しばらく我慢していれば救助が来るから大丈夫だろうと平常時に考えたとしても、それは「平常時」での思考ということです。実際に災害が起きたときは、直前に危機が迫っている「異常時」なのです。人はそのようなときに、平常時のようなのんびりとした考えはできません。平常時の考えと異常時の考えは同列には論じられないということです。この「人の感情」は、歴史上の重要な場面においても、天国か地獄かの分水嶺になるほどの大きな要点となりました。その代表的な歴史の事象を紹介します。

平安時代末期、静岡県の富士川で、源氏と平家が戦った富士川の戦いから考察してみましょう。治承4年（1180年）、平家は完全に劣勢に立たされていました。『吾妻鏡』によると、このときの源頼朝の軍勢は20万人。『平家物語』によると、このときの平家の軍勢は、当初7万人となっています。数の上で、平家はすでに不利となっていました。さらに追い討ちをかけるように起こったのが西国の大飢饉です。食糧難から兵糧の調達に苦しみ、軍勢の士気も著しく低下していました。また、平家が源頼朝の軍勢と戦うに際して、「坂東武者（関東の兵）は親が死んでも子が死んでも進む武勇を誇り、坂東武者10人に京の武者200人がかかっても敵わないだろう」という噂話などを聞いていたことも、さらに士気を低下させました。

そんな中、源氏側の武将が平家方に奇襲を仕掛けるため、富士川の浅瀬に馬を入れました。すると、富士沼にいた水鳥の大群が一斉に飛び立ちました。これに驚いた平家方の軍勢は、大混乱に陥り、兵たちは武具を忘れて逃げまどい、他人の馬にまたがる者、杭につないだままの馬に乗ってぐるぐる回る者などが現れました。収拾のつかない大混乱ぶりに、ついに平家軍は撤退を開始して総崩れの状態となりました。静岡県西部まで退却しますが、ここでも軍を立て直すことができずについには京まで逃げ戻りました。

当初、源頼朝の軍勢を殲滅するために、静岡県の富士川まで出てきた平家軍ですが、目的を果たすどころか、富士川では一戦もすることなく、水鳥の羽音に驚いて総崩れの状態となりました。

この富士川の戦いでの平家方の敗北には、確かに諸理由がありましたが、数による軍勢などの計算以外に、「人の心理」という点でも敗北をしていたと言えます。人には「恐怖心」というものがあります。通常の平穏な心の場合と、恐怖に陥っている心の場合とでは、その行動に天と地ほどの差が生じます。これはトレードにも共通することです。具体的に相場を見てみましょう。

次ページは、イオンディライト（9787）の2012年6月～10月の日足チャートです。高いところでは1850円以上あった株価は、9月に入り徐々に切り下げてきます。1700円付近で、一旦、踏み止まりますが、10月5日には下方にブレイクして急落していきました。そして、翌営業日の9日にはさらに急落し、10日には安値1473円をつけています。仮にこのイオンディライトの株を6月に1750円付近で購入していたとします（チャートのA）。さて、どのような対処法が一番良いのでしょうか？

結論から言いますと、節目となる1700円付近を完全に割って、下方にブレイクしてきたらもう猶予はなりません。いつ大きな陰線が出現するかわからないからです。このイオンディライトのケースの場合、私なら1680円に損切りラインを設定します（チャートのB）。多少、下にぶれることもあるために、1700円ぴったりよりも、若干、下に設定するのがよいと思います。このケースでは、10月の下方ブレイクよりも前の、9月24日には損切りラインに達して（チャートの①）、そこで撤退（損切り）となっています。その後、一旦、株価はかなりの戻りを見せるために、心理的には後悔をする部分があるかもしれませんが、それは仕方ありません。一旦は戻りを試した株価ですが、その後、やはり売りに押されて10月に入って下方にブレイクしていきました。結果的には、1680円の損切りで正解だったということにな

◆イオンディライトのチャート（2012年６月～10月）

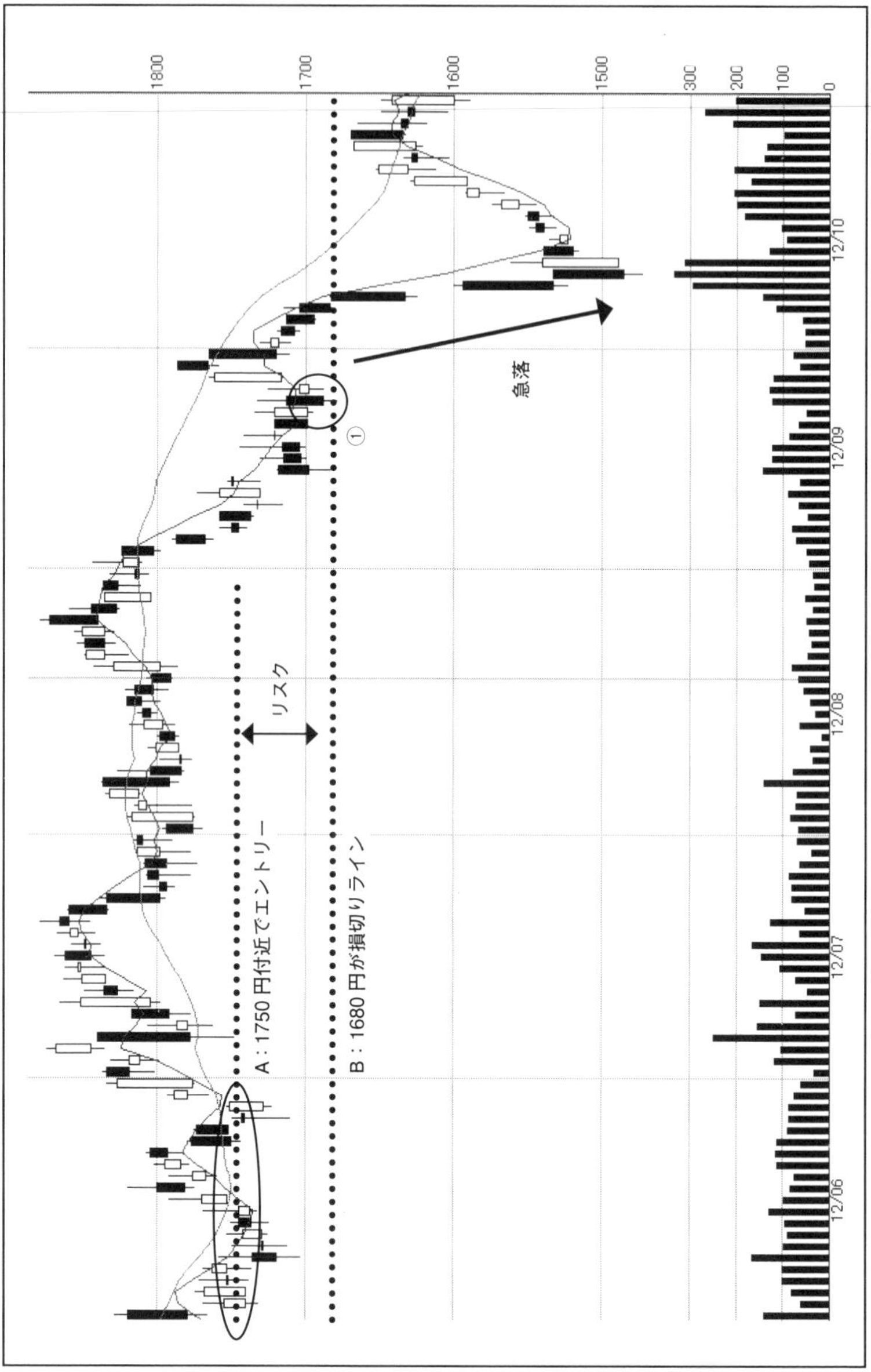

ります。

ここで大切なことは**大きな陰線が出る前に、なるべく撤退（損切り）をする**ということです。大きな陰線が一度出現すると、その下値付近で損切りをすることが苦痛になるため、「少し戻りがあるのではないか？」などと、無意識的に自分に都合の良いように考えたくなるのです。このイオンディライトの例では、10月5日の大きめの陰線が出現した後に、「戻るだろう」と様子を見てしまうと、翌営業日の9日にはさらに急落していくことになります。2営業日連続での大きな急落なので、「今度こそ戻りがあるだろう」などと、ここでも自分に都合の良い考えを強めてしまいます。その翌営業日の10日になって、さらに急落しはじめると、今度は耐え切れなくなります。もっと下がるのではないかという恐怖心が脳裏を支配するようになって、株価に関係なく、ぶん投げます（損切り）。すると、その投げた（損切り）あたりが、株価の底値となって、反転してくるのです。私も過去に、数えきれないほど、このような経験をしました。

これは、はじめは冷静に物事を考えていたのに（平常時）、最後、下げが加速をはじめると（異常時）、恐怖心を抱きパニックに陥ることから起こります。人は恐怖の虜になると、そこから逃げる以外のことは考えられません。ただただ、逃げることを考えます。そして、結果的にチャートの陰線の下ヒゲの頂点付近で、そこらが直近の下値になるかもしれないと思いつつも、売ってしまうのです。これは、確率的にはその時点で売らないほうがよいのに、それ以上、損が増えてしまうかもしれないという恐怖心から、売ってしまうのです。

ここで注意していただきたいのは、長い陰線での損切りをしないほうがよいと言っているわけではないことです。その時点では、さらに株価が下落する可能性もあるので、やはりそこでの損切りは仕方がないと思います。ここで一番大切なことは、自分の心理状態を予想して、そのような恐怖の虜になるところまで、株を持ち続けてはいけないということです。

いくら平常時に正しい判断ができる人であっても、自分が平静でいられなくなったとき（異常時）には、大きな過ちを犯す確率が極めて高くなります。ならば、**自分が平静でいられる範囲内でトレードをすることこそが最善**と言えます。具体的には、自分の株の買値などから、どれくらいの含み損が出ると、自分の中で恐怖心を抱くのかなど、あらかじめ平常時に自分の心理を予想します。そして、「これくらいになると、恐怖心を抱くだろう」と思う価格になるまで、持ち続けないことが大切です。恐怖心を抱く（異常時に陥る）よりも前に、平常時の冷静に物事を判断できる間に損切りをするのです。

投資金額の大きさも同じです。自分が平静でいられなくなるほど大きな資金を、最初から投

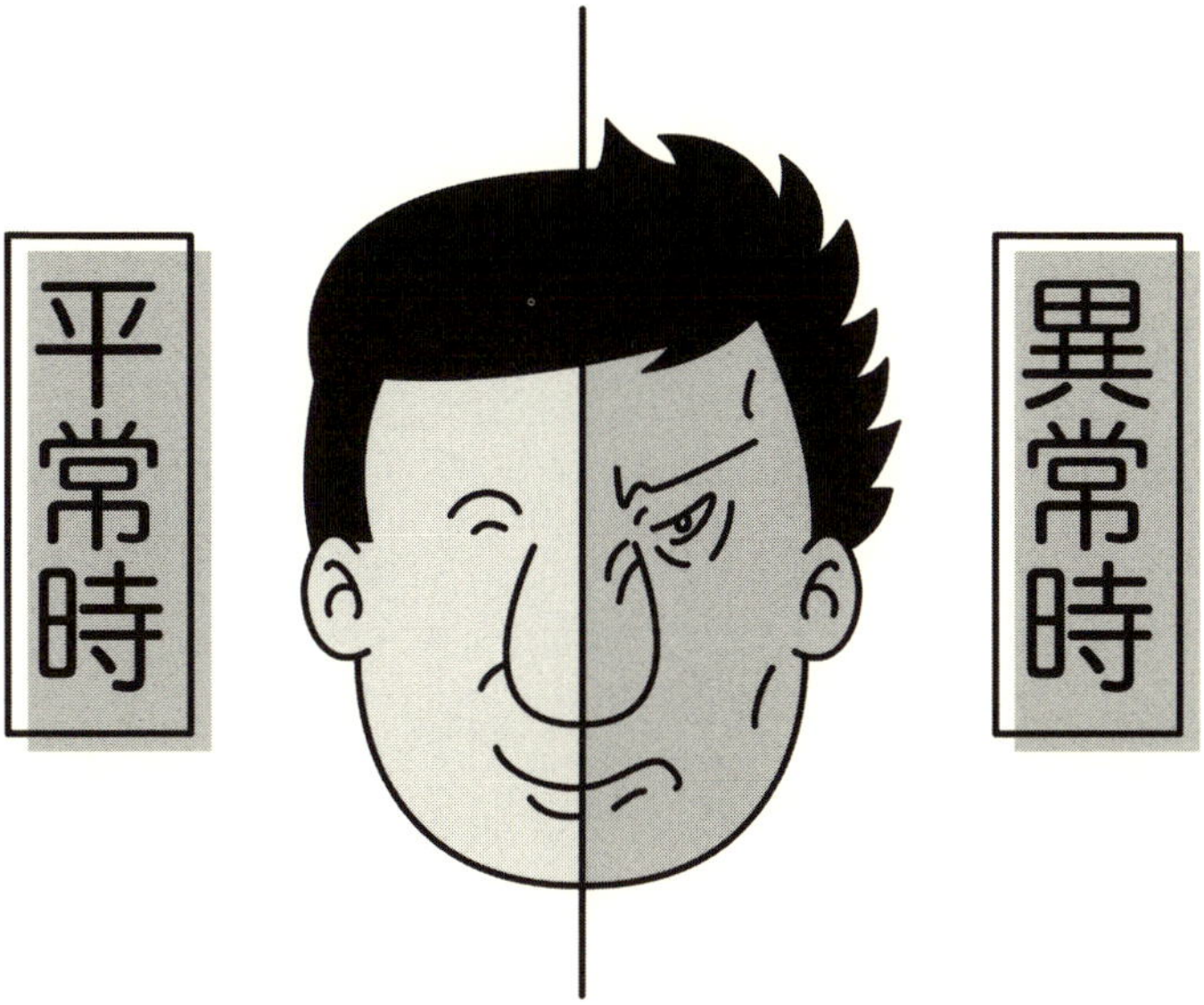

平常時の自分と異常時の自分。どちらも同じ“自分”ではありますが、その本質は似て非なるものであることを自覚しておきましょう

入してはいけません。あくまでも、自分が平静でいられる範囲内での資金を投入することによって正しい判断ができるようになります。

源氏と平家の富士川の戦いの例からもわかる通り、自分が平静でいられなくなったときには、高確率で敗北するということを肝に銘じておきましょう。投資を行ううえでの精神状態というものは、想像以上に重要なことです。私の経験では、この精神状態というものを考慮に入れると、トレードでの精度が上昇すると断言できます。

正考
seikou

人は平常時と異常時で考えることが違う。極力、自分が平静でいられる範囲内（平常時）での戦い（トレード）をする。

5

全資産を失う可能性がある投資をしてはいけない

投資を続けていると、時として大きなチャンスに巡り合うときがあります。ただ、チャンスと言っても良いことばかりではありません。チャンスがあるところにも、当然、リスクがあるからです。大きなチャンスがある場面においては、さまざまな考え方が交錯する可能性がありますが、私には明確な優先順位が存在します。その優先順位を守ったうえでの、大きなチャンスと思える場面の投資については第五章の28話で紹介しますが、ここでは、まず第一の優先順位を把握するために、歴史上の偉人の行動から学びたいと思います。今回は越後の虎と言われた上杉謙信公の視点から考察してみましょう。

永禄4年（1561年）、越後の上杉謙信率いる上杉軍1万3千と、甲斐の武田信玄率いる武田軍2万は、川中島（現長野県北部）で激突しました。第4回川中島の戦いです。

両軍は千曲川（ちくまがわ）を挟んでしばらく睨み合うと、信玄は闇夜に紛れて、奇襲部隊の1万2

千人を上杉軍が陣を張る山に送り出しました。しかし、それを事前に察知した謙信は、武田の奇襲部隊が山を迂回している間に、残った8千人の武田軍を襲うことを考えます。その残った武田軍8千人の中には信玄の本陣があります。謙信は、信玄の奇襲部隊1万2千人が容易に戻ってこられないように、その道筋に、自軍の1部隊を派遣して、道筋をふさいでしまいました。他方、万が一、上杉軍が敗れた場合を考えて、上杉軍の直江隊1500人を北部の犀川（さいかわ）の渡しに待機させ、逃げ道を確保させました。

そのうえで、謙信は車懸り（くるまがかり）の陣形で、信玄の本陣がある8千人の武田軍に攻撃を仕掛けます。謙信の猛攻の前に武田軍は防戦一方となります。このとき、武田の奇襲部隊1万2千人は謙信に裏をかかれ

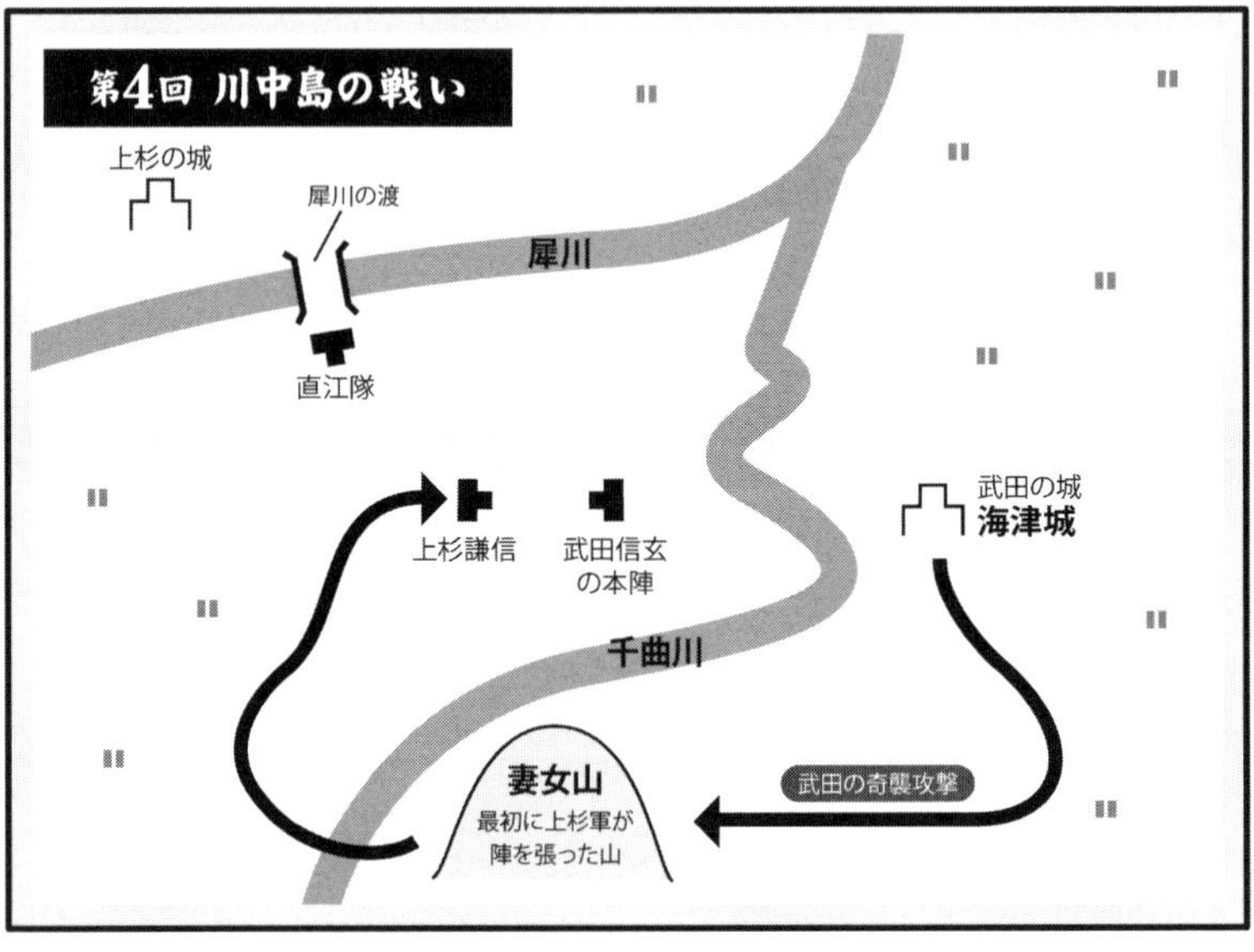

逃げ道を最強部隊（直江隊）に任せている点がポイントです

たことを知り、急いで信玄のいる本陣に戻ろうとしますが、謙信の1部隊が戻る道筋をふさいでいるため、なかなか戻れません。

その間の謙信の攻撃は、熾烈を極めました。謙信の猛攻の前に、信玄の有能な家臣たちが、次々に討ち死にしていきます。武田軍の軍師山本勘助やその他の重臣、ついには、武田軍の副将である武田信繁（信玄の弟）までもが命を落としました。謙信は、武田軍の副将を討ち取ったのを見ると、信玄の本陣に総攻撃命令を出します。信玄の側近や、伝令の旗本衆まで戦闘に加わり、信玄の周りには人がほとんどいなくなりました。信玄は、まさにすぐそこにいました。

しかし、そのとき、武田の奇襲部隊1万2千人が謙信の1部隊を撃破して、ついに戻ってきたのです。それを見た謙信は、全軍退却の合図を出します。なぜなら、前後に敵兵を受けて、勝てる戦がないのを謙信は知っているからです。武田軍の奇襲部隊1万2千人が戦闘に加わると、今度は上杉軍が逃げる番です。武田軍は今までのお返しと言わんばかりに上杉軍を追いかけて多くの者を討ち取りました。

その結果、第4回川中島の戦いは、両軍合わせて3万2千人のうち、8割以上の2万7千余りの兵士が死傷した壮絶な戦いとなりました。これは、日本の戦国史上、最大の激戦のひとつに記録されています。結果的に、この第4回川中島合戦は武田軍の勝利となりましたが、武田側の損害も大きく、また、信玄があと一歩のところで討たれていたことを考えると、内容的には謙信のほうが一枚上手であったのではないかと思います。そこで、この第4回川中島合戦を、謙信のリターンとリスクの面から考えてみたいと思います。

謙信のリターンは、信玄を討ち取ることにより、信濃（長野県）に加え、甲斐（山梨県）などが手に入り、完全に突出した力を持つことになることです。その後のリターンは、想像できないほどのものになります（謙信の領土的野望の有無はここでは論じません）。逆に、謙信のリスクは、武田軍の奇襲部隊が戻ってきて、武田軍の挟み撃ちに遭うことによる全滅です。謙信はリスクに対しては、武田の奇襲部隊1万2千人が戻ってきたのを知ると、信玄の首が目の前にあるのを承知で退却しました。これは、全滅するリスクを第一に避けたためと思われます。また、最大のポイントは、逃げ道に直江隊1500人を待機させておいた点です。結果論で言えば、上杉軍最強の直江隊を信玄の本陣攻撃に参加させていれば、信玄の首を取れた可能性は極めて高かったと思われます。しかし、謙信はあえて直江隊を犀川の渡しに待機させました。この犀川の渡しを武田軍に占拠されると、上杉軍の逃げ道が絶たれるため、全滅する確率が格段に高くなるのです。結果的に、直江隊は追撃してくる武田軍から犀川の渡しを死守して、見事、上杉の各部隊を逃がすことに成功しました。過去の幾多の合戦の例を考察すると、勢いに乗った何倍もの敵を、小兵力で食い止めるというのは至難の業で、精強を誇る上杉軍の中でも、直江隊だからこそ成し得た神業でした。

謙信はこの点を計算に入れて直江隊を犀川の渡しに待機させたのです。攻撃よりも全滅を避けることを優先した謙信の姿が窺えます。謙信は徹底的な決戦主義者であったため、この第4回川中島合戦において、玉砕覚悟の一か八かの賭けに出たと論じられることがありますが、実際の行動を見る限り、その理屈は通りません。謙信は、最大リスクである全滅を避けるのを第一として、その範囲内で、最大リターンが見込める信玄の首を上げることを目指したのだと考えられます。結果的に謙信は負けましたが、ほんのかすかな運が最後の明暗を分けました。では相場で具体例を見てみましょう。

次ページは、オリンパス（7733）の2011年9月～12月の日足チャートです。10月に高いところでは2500円もあった株価が、10月中旬から急落して、11月11日には安値424円をつけています。これはマイケル・ウッドフォード社長の解任からはじまり、オリンパスの粉飾決算が明るみに出た影響です。

チャートを見ると、10月24日の安値1012円あたりで、株価は一旦落ち着き、反発する場面があります。オリンパスは、株価が急落を開始する前日の10月13日には、ゴールドマン・サックス証券が投資家向けリポートで、投資判断を3段階で真ん中の「中立」から「買い」に引き上げ、今後2年の目標株価を3800円としていました。また、2011年3月期の連結売上高は8471億円で、消化器用内視鏡は世界シェアの7割強を占めるなど、とても期待されていた会社でした。

それが、わずか10日余りで株価は半値まで下がってきたのです。この場面では、大きなチャンスと捉えて、投資をするか否かを考える場面です（株価が安くなったという理由だけでの

◆オリンパスのチャート（2011年９月〜12月）

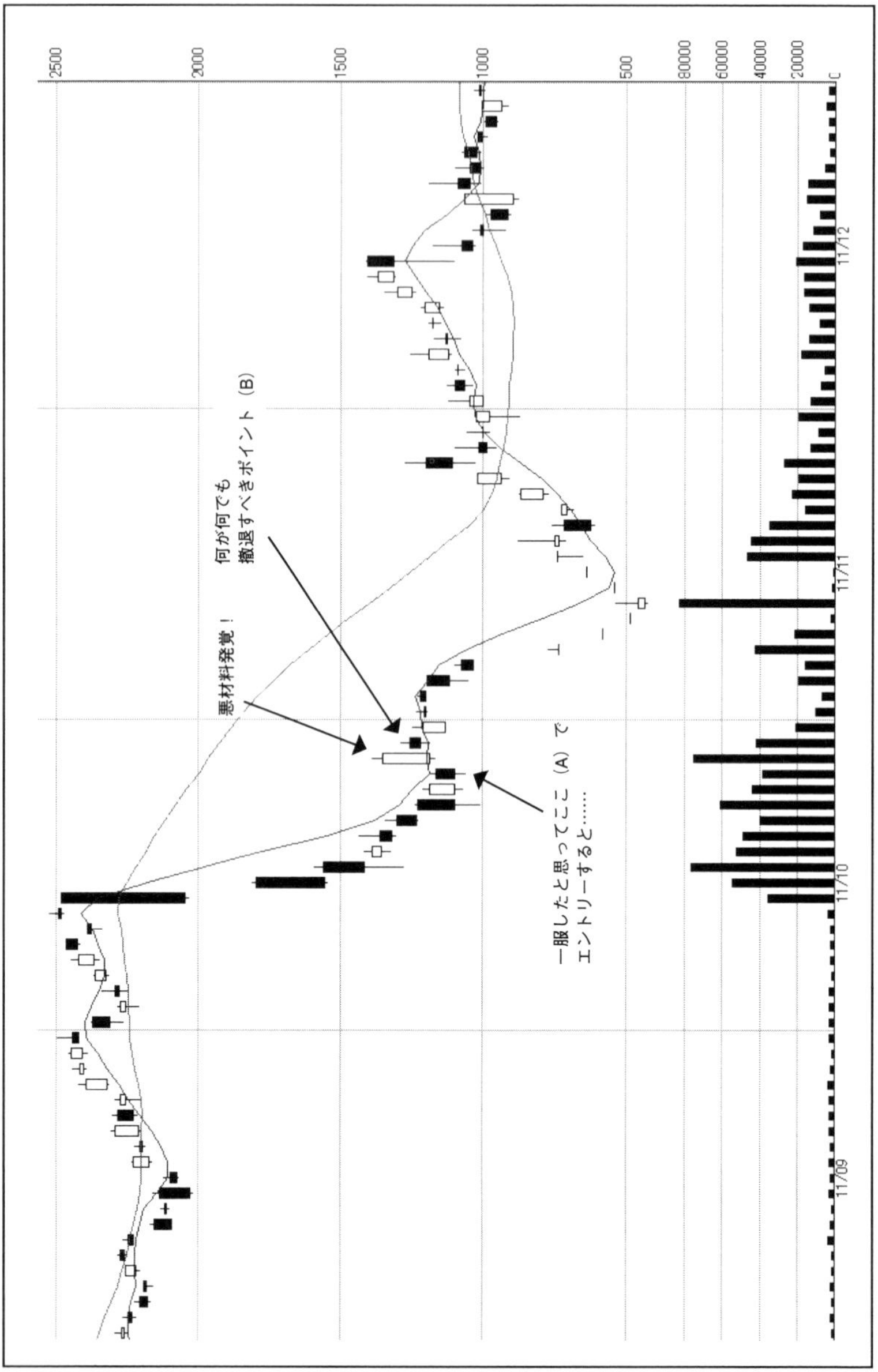

買いはいけません）。

仮に10月26日あたりに1100円でオリンパスの株を購入したとします。ここからうまく反発すれば、かなりの値幅の利益が見込めます。しかし、翌日10月27日の日経新聞の夕刊に、過去にオリンパスが行ったM&A（合併・買収）をめぐり、証券取引等監視委員会が同社の有価証券報告書などの「開示情報」が適切だったかどうかを調査している旨の報道がなされました（事前報道もありましたが、ここでは論じません）。

これはただ事ではありません。この時点で、コンプライアンス違反の可能性があります。投資において、コンプライアンス違反の案件には、特に最大細心の注意を要します。なぜなら、想像を絶するような事象が裏に隠されているケースがあり、その事象が表面化した場合、株価はどこまで下がるかわからないためです。テクニカル上のチャートが良い形を示していたとしても、このような案件の場合にはなんの効力もありません。ここで様子見など、決してしてはいけません。これは、武田の奇襲部隊1万2千人が現れ、謙信が即座に全軍撤退を命じたのと同じ場面であり、ここは一目散に逃げなければいけません。

10月26日に購入した株は、28日の朝の寄り付きで何も考えずに売却します。この場面をチャートに当てはめると、結果は利益になってしまいますが、これが損失であっても、お構いなしに逃げる場面です。なぜなら、**全滅もしくは資産が半分になるような投資は、決してやってはいけない**からです。これは優先順位のトップにきます。資産の全滅もしくは資産が半分などになると、資産減少の苦しみはもちろんですが、投資をしようとする意欲、夢までもが、ここで絶たれてしまいます。そして、二度と投資には近づかないようになってしまうことが多くなります。投資は勝ち負けを繰り返しながら、資産を増やしていくものです。それが、たった1回、運が味方しなかったことによって終了してしまっては、投資をはじめた意義さえなくなってしまいます。

さて、株価はしばらくもみ合いを続けていましたが、11月8日には窓を空けて、再び大きく下落を開始しました。この日の朝、「1990年代頃から有価証券投資などにかかわる損失計上の先送りを行っていた」とオリンパスが発表したためです。「今後、第三者委員会を通じて究明する」としたため、見送り気分が広がったのです。ついにコンプライアンス違反が確定して表に出てきました。さらに悪材料が出てくる可能性が高まったといえます。その後はどうだったかというと、取引金融機関が同社向け融資について、貸し出し条件変更の検討に入り、さらには、上場廃止基準に該当する恐れまで生じて、監理銘柄に指定されました。投資をするにあたっては、とても恐ろしい展開です。

株価は１１月１１日には、４２４円の安値をつけました。もしも、１０月２６日に１１００円で購入していた株を売却していない場合、資産を全力で投入していると、信用取引で行えば資産の全滅、現物取引で行っても資産の半分ほどが消えてしまう可能性が高い取引となりました。

　ここで、その後もオリンパスの株を持ち続けていれば、元の株価に戻ったと言われる方がいるかもしれません。しかし、本章4話でお話したように、人には恐怖心というものがあります。私の過去の経験では、その恐怖心のＭＡＸと株価の安値のＭ

「全滅」という文字がちらほら見え隠れするような投資（トレード）は絶対に避けるようにしてください

AXは、ほぼ重なり、安値で株を手放す確率が極めて高いといえます。

全滅もしくは資産の半分がなくなる可能性がある取引になってしまった場合は、すぐにそこから撤退、もしくは、最初からそれがわかっていれば、決してそのようなトレードはやらないように注意しましょう。特にこのような案件の場合は、後から後から、悪材料が出てくることが多いので、テクニカルなどが通用しなくなるケースがあります。例えば、監理銘柄に指定されるだけで、どんなに株価が割安であっても、機械的に売らなければいけないような機関投資家も存在するため、通常の理屈では考えられないような下落になる場合があるのです。このような危険な案件の場合は、株価は通常の2倍以上のスピードで下落するケースがあると知っておくことが必要です。

正考
seikou

資産全滅や半減などの可能性があるトレードは必ず避ける。

6
大局を見極める

投資を続けていると、当たり前ですが、株価が大きく動いているときと動きが乏しいときなど、そのときによってさまざまな状況に遭遇します。ということは、いろいろな様相を見せる相場に対して、自身の投資方法が常に一辺倒では、時にはうまくいっても、その反面、時にはうまくいかなくなるということも、当然、あり得るということになります。

例えば、野球で160キロの球を投げるすごい投手がいたとしても、常に160キロのストレートだけを投げていれば、必ず打ちこまれて負けてしまいます。野球でもその時々に応じた球を投げるのがベストなのです。このように「そのときに応じた行動を取る」ということは、歴史上においても極めて大切なことでした。今回もその歴史から教訓を学びたいと思います。

本章1話では、中国三国時代の諸葛孔明の戦略を例に、防御の視点からお話ししましたが、この6話では、その孔明の最大のライバルといわれた、司馬懿仲達（しばいちゅうたつ）の戦略から考察してみたいと思います。

司馬懿は、孔明が何度も攻め込んだ魏（現河南省が都）の軍事司令官でした。この司馬懿という人物は、若い頃からその才は群を抜き、天才だらけと言われた司馬の一門において、最も優れた人物と評された男でした。司馬懿の優秀さについては、呉（現江蘇省が都）の皇帝孫権から「司馬公は用兵に優れ、自在に使うこと神の如し」という評をもらうほどであったことからも窺えます。

その天才といわれた司馬懿でしたが、孔明の主力軍との決戦において、どうしても勝つことができませんでした（局地戦を除く）。孔明は、じわりじわりと魏の国を侵食してきます。司馬懿は孔明との幾度にもわたる戦いの結果、ある作戦に至ります。その作戦とは、孔明の軍を撃退するのではなく、とにかく魏の国を守ることに専念するものです。通常、敵国の軍勢が自国に押し寄せてきたときは、その軍勢を打ち破って国を守ります。しかし、司馬懿は孔明との戦いに勝ち味を見出すことができなかったため、ならばと守りに徹することに専念したのです。

この司馬懿の作戦に対しては、部下からはもちろんのこと、自国の魏の官僚や将軍たちからも腰抜け呼ばわりされるなど、悪口雑言が浴びせられたそうです。それでも司馬懿は、孔明に対して、亀のようになって動かずに守りを固め続けました。さすがの孔明も、まったく動かない敵軍に対しては、作戦の立てようがありません。この司馬懿の守りを固める持久戦によって、ついに、孔明は途中で病没してしまいました。

周りの状況に合わせて自分を変えられる人が生き残れる人です

ここで特筆すべきは、司馬懿ほどの天才と言われた人物でさえ、勝ち味が薄いときには、亀のようになって、守り一辺倒に徹したという点です（守り）。彼は後に、遼東（現大連付近）で反乱が起きたときに、軍を率いて何倍もの兵力を擁する反乱軍を打ち破っています（攻撃）。また、自国の魏で権力闘争が起きたときには、病気と高齢を理由にして家に引きこもり、引退をしたように見せかけ、見舞いにきた権力闘争の相手側の前ではダメ老人のふりまでしています（休み）。

司馬懿は、時に守り、時に攻め、時に休んで様子を窺い、その状況に臨機応変に対応しています。司馬懿は「戦いには5つの要点がある」という言を残しています。

「戦意があるときに闘い、戦えなければ守り、守れなければ逃げる。あとは降るか死ぬかだ」

投資もこれとまったく同じです。勝ち味が大きいときに攻撃をして、勝ち味が大きくないときには守りを第一とし、勝ち味が薄い時には相場を休みます。あとは、投資信託に任せるか（他人に采配を任せるという広い意味で降る）、それか、破産か（ここでは死）。

司馬懿の精神は、子や孫に引き継がれ、孫の司馬炎（しばえん）が晋という国を建て、100年ぶりに中国を統一しました。司馬懿のように大局を見誤らなければ、大きな夢に近づいていけるのです。

正考
seikou

今の相場の大局を見極める。
攻撃か守りか休みか、人に任せるか。

第2章

損切りを制する者は投資を制する

7 自分の得手・不得手を知る

「投資で成功するためには？」と尋ねられたとき、一言で答えるとしたら、私は「どのような損切りをするか」とお話しししています。損切りという行為は、それだけ投資においては重要であり、また、最も難しいものでもあります。

仮に30万円で購入した株が25万円に下落してしまった場合、その時点で損切りをすればいいという話になるのですが、実際は簡単ではありません。本書において、この先、**「人は自分に都合の良いように考えたくなる」**と何度も紹介しているように、株価が下がっているときは、たまたま下がっているだけで、少しすればまた元に戻ってくるだろうと考えたくなるものです。また、損切りした直後にすぐに株価が戻ってきて、30万円になれば、損切りした自分が悔しくてたまりません。そこまで考えてしまうと、ますます損切りができなくなります。

では、投資家にとっての永遠のテーマとなる損切りについて、歴史の教訓から学びたいと思います。

第1章でもすでに登場していますが、今回も中国三国時代の諸葛孔明のお話となります。『三国志演義』を小説なり漫画なりで読まれた方も多いと思います。そこに描かれている孔明の人物像は、まさに何らの欠点もない完璧な人物として登場しています。

しかしながら、実際の孔明（諸説あります）には、とても大きな欠点があったと言われています。その欠点とは「状況の変化に対応するのが不得意だった」というものです。臨機応変の能力に問題があったという伝説が残っています。

しかし、孔明のすごさは、実はここからも学びとることができるのです。孔明は、己の欠点をよく心得ていたがゆえに、「状況の変化に対応する」という点において、決して無理をしなかったと言われています。孔明を評して、次のような言が残っています。

「不得手な点を知って無理をしないことこそ賢者の偉大なところである」

この孔明の教訓をトレードに応用してみましょう。私が過去にいただいた質問の中で、最も多かったものが次になります。

損切りは、どのような基準でやるのが一番よいのですか？　パーセントやティック数で決めるのがよいのか、状況によって決めるのがよいのか？　とても迷います。

この質問を、孔明の教訓から学ぶと「人によって違う」という答えに至ると思います。孔明の例を見てわかるとおり、人にはそれぞれの分野において、得手と不得手があります。「今までの実戦では、状況によって損切りをするはずだったが、いつも損切りができなかった」という方は、それが不得手ということです。その場合は、何パーセントのダウンや、ティック数で、「機械的」に損切りをするのがよいと思います。一方、状況によって損切りがうまく機能する方は、その分野が得手だ

何事も、自分の得意な方法でやるのが一番です

ということです。この場合は裁量による損切りが理想であり、利食い（利益確定）の場合も状況に応じて少しずつ変化させ、利益をより伸ばすことを心がけてみるのもよいと思います。

なお、不得手の分野については、一生、不得手というわけではなく、さまざまな経験や勉学を通して得手に変えることも可能です。そのためには、まず現時点での不得手を悟り、それに対して謙虚に行動することが必要です。現在の自分を、まず客観的に見つめて行動することができれば、いつしか、その不得手は得手に変わると思います。

正考
seikou

客観的に自分を知り、まず損切りの方向性を決める。

8。今回だけは何とかなるは滅亡の始まり

投資を続けていくにあたり、「損切り」という行動は最も大切であり、また、最も奥が深い行動でもあります。損切りを完璧に極めたという人は、生身の人間においてはいないかもしれないと思えるほどの神秘的なものであると思います。

この8話では、日本史の戦国時代、仙台の伊達政宗公に起きた危機の中で語られたという伊達家の重臣、片倉小十郎景綱の話を通して、「損切り」に対する正しい思考を学びたいと思います。

天正17年（1589年）、伊達家の宿敵であった会津の大名を滅ぼした政宗は、まさに天をも突く勢いで、支配する領地は奥州（東北地方）66郡の半分にもおよぶ30余郡に渡っていました。この勢いで奥州全土の支配を狙いたい政宗でしたが、上方では豊臣秀吉が日本国の半分以上を支配して、さらにその勢力を東に伸ばしはじめていました。豊臣秀吉はいよいよ関東小田原の北条氏の討伐を決め、奥

州の政宗にも、その小田原征伐への参陣を通告してきました。このとき、豊臣秀吉は関白というえらい職に就いており、政宗は関白職の豊臣秀吉の命令を受け入れなければいけない立場にありました。

しかし、不敵な政宗はその関白豊臣秀吉の命令をすぐには受け入れませんでした。奥州の覇者となった政宗でしたが、関白秀吉の強大さが、いまいち完全に把握できていなかったのです。政宗が関白秀吉の命令を軽んじている間に、秀吉は小田原への出陣を開始します。その秀吉の機敏な行動に、政宗は小田原に参陣する機会を失い、ならばいっそのこと、秀吉の軍勢と一戦しようではないかと考えました。政宗は、伊達家の一門宗（親戚）や老臣などにも、その決意を示し、伊達家のほとんどの家臣が、秀吉と決戦する覚悟を決めました。

しかし、このときに唯一、伊達家一の智将であった片倉小十郎だけが猛反対しました。片倉小十郎は以下のように政宗に訴えたと伝わっています。

ハエというものは追い払うても追い払うてもまた群がって来るものです

秀吉は大軍を率いている。たとえその大軍を1回2回は撃退できても、何度も何度も撃退できるものではない。これを聞いた政宗は、片倉小十郎の言を容れて秀吉との決戦を取り止め、秀吉に許しを請うために関東に向かいました。もし、ここで政宗が片倉小十郎の言を容れていなければ伊達家はまず滅びていたと思われます。この政宗の教訓から相場を見てみましょう。

次ページは、シャープ（6753）の2010年1月～2012年10月の週足チャートです。

このチャート上では、どこで買いを入れても含み損になってしまいます。仮に2010年の7月上旬くらいに930円で買いを入れたと考えてみましょう。株価は、1カ月ほど上下もみ合いとなりますが、8月中旬には下方にブレイクしていきます。他の情報がないものとして、このチャート上のみから判断すると、損切りするべき地点は、まさにこの下方にブレイクした場面となるのが基本です。

それが基本ではありますが、生身の人間にはさまざまな感情が交錯し、本章7話でお話ししたとおり、損切りをしなくてもよい理由を探してしまうものなのです。そのまま損切りをせずに継続保有をしていると、2011年2月中旬に買い値の930円を超えてきます。ここで買った分を売れば、損は発生せず、逆に少しですが利益確定ができたかもしれません。

しかし、これは運が良かっただけにすぎません。さまざまな事情からたまたま株価が戻ってきただけなのです。

◆シャープのチャート（2010年10月～2012年10月）

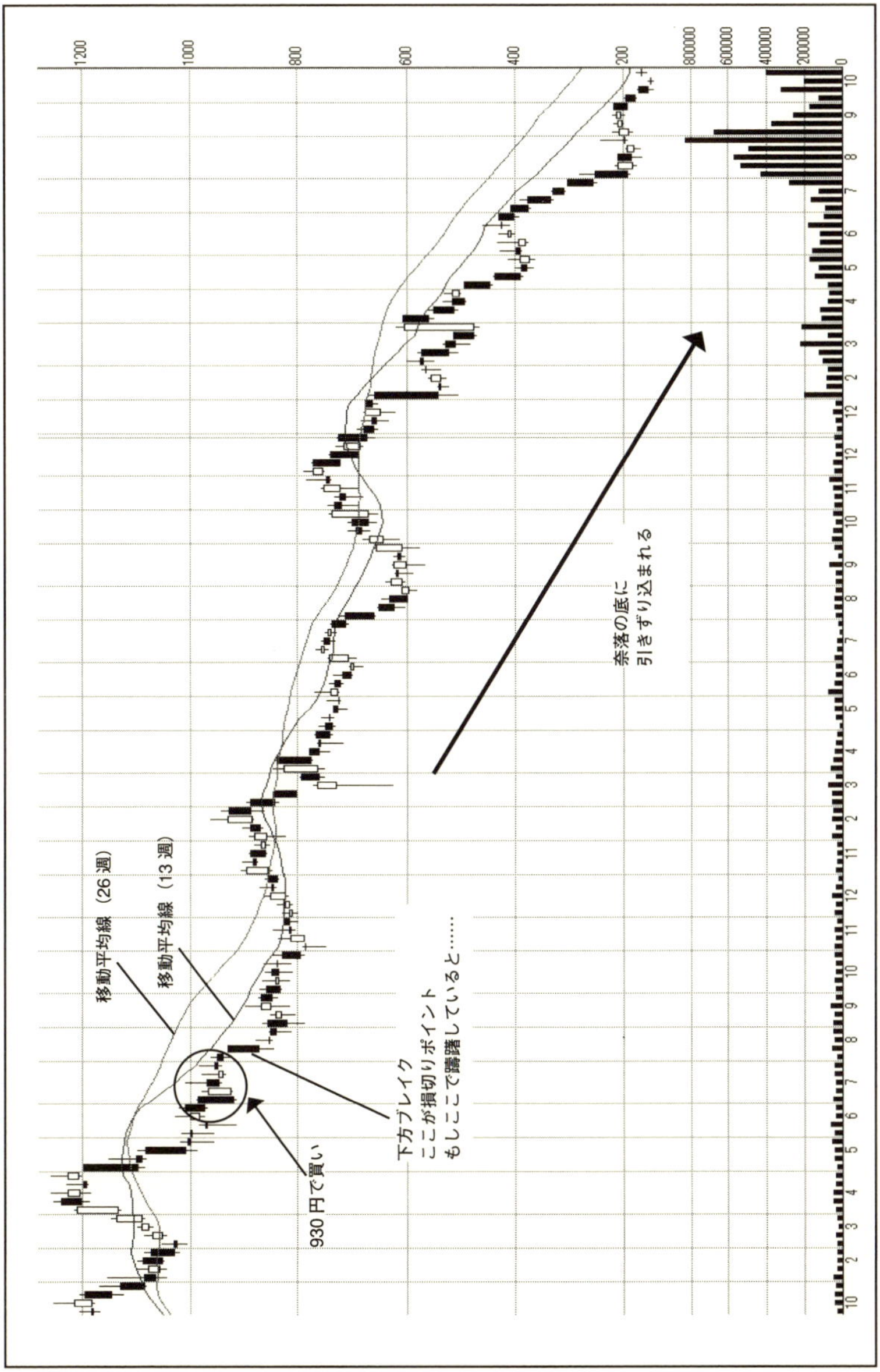

ここで、買い値まで戻ってきたときにすぐに売ることができればよいのですが、このような状況になると、生身の人間は以下のように考えたくなります。

「やっとここでシャープの株価が見直されて、反転上昇に入ったのではないか？」

2010年の7月にシャープの株を購入した自分の行動が正しいと思いたいのですから、こう考えるのは無理もありません。では、そのような考えの下、2011年2月にシャープの株を売却しなかったらどうでしょうか。

翌月3月には安値626円まで下落しました。その後は、いったん、持ち直して840円まで上がってきますが、2012年10月には、150円を切ってくるような株価になっています。

トレードをしていると自分の思惑と違い、含み損が発生することが多々生じます。その際、自分の思い描いていた展開とは違ったわけですから、基本的には損切りするのが正しい行動となります。しかし、ついつい人間の弱さが出て、「ひょっとして元に戻りうまくいくのではないか」と思ってしまうのが人間の性（さが）なのです。

このような状況は、まさに今回紹介した小田原へ参陣しなかった伊達政宗の状態です。1回や2回は豊臣秀吉の大軍勢を撃退できるかもしれません。シャープの株価は、2011年2月中旬に運良く買い値の930円を超えてきました。しかし、豊臣秀吉の大軍勢が何度も来襲すれば、これを防ぎきることは不可能です。2012年10月には株価が150円を切っています。これが、片倉小十郎がいう夏のハエです。1回や2回はたまたまうまくいって、その危機を脱することができるかもしれませんが、それ以上になれば、夏のハエを追い払うのと同じく、危機を脱してもまた同じ危機が巡ってきま

損切りに躊躇してしまいそうなときは、何度追い払ってもまとわりつく夏のハエを思い出してください

す。これを繰り返しているうちに、全滅の憂き目（資産の大幅減少）に遭う方向に突き進んでいくのです。ここではあえて、「可能性」とは書かずに、「確実に」全滅の方向に向かうと書かせていただきます。

今後もトレードを続けていくのなら、このようなケースは夏のハエと同じであるため、1回目からきっちりと損切りをしていこうと考えるのが最善です。

損切りをするときは、ベテランでも、時に誰かに背中を押してもらいたくなるときがあります。そのときは、この片倉小十郎の夏のハエを思い出してください。

正考
seikou

損切りをしないと1回2回はうまくいっても最終的には資産はなくなる。

9 勝ちすぎる怖さ

損切りにおいては、さまざまな場面において落とし穴が待っています。気を抜いていると自分でも気がつかないうちに、その穴に落ちてしまうことも少なくありません。

その落とし穴は、歴史上の偉大な人物を幾多も飲み込んできました。今回も歴史上の人物からその教訓を学びたいと思います。

今回は、甲斐の武田信玄公と息子の武田勝頼公の、親子の対比から考察してみたいと思います。ご存知の信玄は、風林火山を旗印に、現在の山梨県・長野県・静岡県・群馬県などに一大勢力を築いた、戦国最強と言われた軍団を率いる戦国大名でした。その信玄の跡を継いだのが武田勝頼でした。勝頼は長篠の戦いの敗戦などで力を落として、最後は武田家を滅亡させてしまった武将として知られています。

信玄は甲斐（山梨県）の国ひとつから長大な版図を築き上げました。勝頼は、その長大な版図と最強の武田軍団を受け継ぎながら、すべてを失いました。そのため、勝頼は武田家を滅亡させた武将として、愚将の扱いをよく受けますが、実は、彼はとても優秀な武将であったと言われています。信玄も優秀であり、また息子の勝頼も、信玄には及ばないものの優秀でした。では、この親子の決定的な違いは、何だったのでしょうか？

現代でこそ、武田軍は戦国最強と言われていますが、当時の人からは、信玄率いる武田軍は、常勝というよりも、負けない軍団というイメージがあったようです。これは、徳川家の家臣、大久保彦左衛門が記した『三河物語』に、武田軍の評としてこのような記述があったと記憶しています。このことからも、信玄は、勝てないまでも、負けない戦を地道にやったのだと想像できます。

では、勝頼はどうだったのでしょうか？　彼は武田家の逸話や軍学を記した『甲陽軍艦』に「強すぎる大将」として紹介されています。織田信長は、勝頼は油断できない人物であるとして上杉謙信に書状を送っています。また、徳川家康は9年間にわたって勝頼に苦しめられ、単独で勝頼と対決することを避け続けました。さらに勝頼は、信玄でさえ落とせなかった徳川の堅城まで落としています。勝頼は、これほどの大将だったのです。

勝頼は、幾多の戦の後、織田信長との決戦を決断しますが、この戦（長篠の戦い）は負けない戦ではなく、かなり危険な賭けでした。勝頼は、織田信長軍が多くの鉄砲を所持していることも知っており、また織田軍が武田軍の倍以上の兵力があったことも知りながら、あえて合戦に臨みました。結果は、織田軍の3千挺の鉄砲の威力や、物量の違いなどによって、勝頼は大敗北を喫してしまい、武田家滅亡の端緒を作ってしまいました。なぜ勝頼は、信長との危険な賭けに出たのでしょうか?

武田軍には、この頃、不敗神話のようなものがあり、戦をして負けるということが、ほとんどありませんでした。人間は、頭でわかっていても、いつしか増長してしまう生き物だと言われています。あまりに負けないがゆえに、いつしか、自軍よりも高度な武器を持ち、また兵力が倍以上の敵に、決戦を挑んでしまいました。そして、その1回の大敗北が滅亡という道を歩ませることになってしまったのです(武田家の経済問題、一門衆との確執などの諸理由は割愛しています)。

これはトレードにも共通することだと言えます。投資を長年続けていると、自分でも不思議なくらいに連戦連勝をするときがあります。私自身も何度も経験しました。そのときの気分の良さは口では言えないくらいのもので、お酒の味もまた格別なものです。しかし、私の経験では、この格別のお酒は長くは味わえませんでした。

連戦連勝をした後の私のトレード損益は、大きく悪化するという顕著な傾向が出ています。ひとつ例に出します。忘れもしない2012年7月27日、アルゴリズム取引(コンピューターシステムによる自動取引)が支配を続ける厳しい相場の中、その月は比較的、好調に利益を積み重ねていました。私の数ある取引部門の中のデイ部門(一日決済取引)での1カ月の利益は、投入資金に比べては多い100万円の利益を目前にしていました。

その月はあまり負けなかったのです。自分でもいつしか気分を良くして、7月27日という日を迎え

連戦連勝の先には、思わぬ爆弾が仕掛けられている（＝損切りできない）ことも多いもの。「自分の読みは正しいはず」などと考えて天狗になることなく、思惑と違う動きになったときには損切りする習慣をつけましょう

ることになります。7月27日の朝、株式相場が始まり、そこで手がけた銘柄はアドバンテスト（6857）でした。その日、大きく急落していたアドバンテストを、通常であれば上昇に転じるであろう場面で買い注文を行い仕込みました。しかし、私の予想に反して、アドバンテストはまったく下げ止まることなく、さらに下落のスピードを増していきました。

通常の私でしたら、20万円くらいの損害で損切りをして撤退をしますが、このときは損切りをためらってしまいました。すると、下落のスピードはさらに加速して、ついには底なしのような様相を醸し出しました。

私は限界を感じて、ついに泣く泣く損切りの決断を下します。大暴落のまま反転を待たずに損切りを実行したのです。その損害が明らかになると、私は自分の目を疑いました。たった1回の数分間のトレードで損害額が100万円を超えていたのです。

7月はデイ部門（一日決済取引）で100万円くらいの利益だろうと思っていた矢先、100万円を超える損害を出してしまったのです。悔しくてたまりませんでしたが、すべてを受け入れなければいけません。なんとか、その損害を受け入れると、当日は自己反省会に入りました。原因は7月の好調にありました。その好調が損切りをしにくくさせ、数分間で100万円超の損害を発生させてしまったのです。

投資は勝ち負けを繰り返しながら行うものと第1章で述べました。その言葉のとおり勝ち続けられることはないのです。連勝した後は今までの逆風により、トレードは自分の思惑とは反対に向かいます。確率の収束が来るのです。この逆風のときに、今まで通りの小さな損切りを行えば理想的な投資行動といえます。なぜなら、利益は連勝のときに得ているので、確率の収束が来た損の部分を小さくすれば、十分な利益が残るためです。しかし、**連戦連勝時には、損切りがしにくくなるという大きな副作用が発生します。**これによって、平常時よりも損切りが遅れ、せっかく連戦連勝で得た利益をかなり失ってしまう傾向になるのです。最悪の場合は、損切りができずに、武田勝頼のような運命を辿ってしまう可能性もゼロではありません。

トレードでは、ある程度、負けることも大切であり、そのときに**上手な負け方をする人こそが最強の投資家といえる**のです。常勝しすぎると、いつしか退く勇気が失われてしまいます。このような歴史の教訓を踏まえて相場に臨みましょう。

正考
seikou

連戦連勝後には損切りがしにくくなるという副作用が発生することを知っておく。

10 正しい理屈と現実

この第2章では、損切りにおけるさまざまな事象についてお話をしています。今回は、正しい理屈なのに、現実がそれに合致しないという視点から紹介します。江戸時代初期、徳川家の前に圧倒的不利になった豊臣家の正しい理屈と現実から考察してみたいと思います。

1598年、当時の天下人であった豊臣秀吉公が亡くなりました。秀吉の跡を継いだのは、秀吉の実子であった豊臣秀頼公でした。当時、まだ幼かった豊臣秀頼は、当然ながら自分で政治をすることはできず、天下をまとめるためには、豊臣臣下の有力大名の力を借りるしかありませんでした。その有力大名のうち、実質的な力を持っていたのが、五大老のうちのひとりである徳川家康と、五奉行のうちのひとりである石田三成でした。秀吉が亡くなって2年後、その両者の間で関ヶ原の戦いが起き、家康が勝利を収めました。

1603年、徳川家康は征夷大将軍に任命され、事実上、天下の支配者は家康になりました。しかし、このとき、豊臣秀頼はもちろん存命であり、また、天下の大坂城も健在でした。豊臣側から見た理屈では、徳川家康はあくまでも豊臣の臣下でした。

1614年、豊臣と徳川の間で戦が起きました。大坂冬の陣です。家康は、この戦が起きる前に、豊臣の存続も考えており、その条件として、豊臣一族が天下の象徴である大坂城から大和郡山に移る案を出していました。しかし、豊臣秀頼とその生母、淀君（よどぎみ）は、その条件を飲みませんでした。理屈の上では、豊臣が主家であり、徳川が臣下であったからです。

結局、1615年の大坂夏の陣で、豊臣は大敗を喫し、豊臣秀頼と生母の淀君は露と消え、豊臣家は滅亡しました。もちろん、現代と昔では、人の考え方も文化も違います。命よりも名を惜しむというのは、当時では正当な考え方でした。しかし、これを現代に当てはめたとき、教訓が得られます。それは「どんなに理屈が正しくても、現実を見ないといけない」ということです。

トレードをしていて、この展開が最も当てはまるケースがあります。具体的には、証券会社のシステム障害の場面です。証券会社のシステム障害とは、自分がトレードを行うために、インターネット上の証券会社の発注ボタンをクリックして注文を出したのにもかかわらず、証券会社側のサーバーの問題などで、その注文が受け付けられないなどのケースを言います。

一時期に比べれば証券会社のシステム障害は減ったものの、現在でも、そのような障害が起きる可能性は十二分に考えられます。証券会社によっては、頻繁にシステム障害が起きている会社もあります。

私自身、現在ではシステム障害が発生しやすい証券会社では取引を行いませんので、ほぼ遭遇しませんが、過去には数えきれないほどシステム障害に遭いました。ある株を購入して、反対売買をしようと思ったら、システム障害が発生して決済ができないのです。

本来、すぐに決済をすれば利益が出るはずのトレードが、システム障害によって決済できず、あたふたしていると、あれよあれよと株価が動き出して、利益が含み損に変わっていったりします。自分は正しい行動をして本来は利益になるところを、証券会社のシステム障害によって、逆に損害となるのです。このとき、怒りは頂点に達しているため、この損害は証券会社に補償してもらおうなどと、勝手に決めつけたりもします。しかしながら、システム障害によって証券会社が補償してくれるかはわからないのです。システム障害のケースによっては補償してくれる場合もありますが、補償はないと考えておいたほうが間違いないと思います。しかし、その時点では怒りが頂点に達し、自分は正しいのだからと考えてしまうのです。

この場面で一番恐ろしいのは、「自分は正しいのだから」と、そのまま含み損を決済せずに持ち越して、挙句の果てには、目もあてられないような損害に発展するケースです。現実にそのような事例をいくつも耳にしました。最悪の場合、このシステム障害が原因となって、そのまま資産を失うところまで発展するケースも考えられます。

本書では、人は自分の行動を正しいと思いたいと何度もお話ししましたが、この場面は、正しいと思

理屈の上では年下の上司に注意されることに対して気分が悪いとしても、現実の上では、部下である以上、その命に従わねばならない。正しいのは常に現実である

いたい願望ではなく、そのまま正しいのです。ただ、他人の不手際によって損害となるのです。これは、損切りの行動がとりにくくなる最たるものです。

私も何度も経験しましたので、その気持ちはとてもわかります。しかし、この豊臣家の例のとおり、どんなに理屈が正しくても、現実を見て、何かの対処を冷静に考える必要があります。

システム障害に対する私なりの対処方法は、大きく2つあります。

第一は心構えの修正です。具体的には、この証券会社では、システム障害がたまに起きるのは「当たり前」なのだと、あらかじめ考えておくようにしました。システム障害がないということが前提になると、いざ、それが発生すると納得がいかなくなります。しかし、最初から安価な手数料で証券売買のサービスを提供してくれるありがたい証券会社だと心得ておけば、いざ、システム障害が発生しても、冷静な考えが持てると思います。完璧な証券売買を求めるのであれば、店頭証券会社で営業の方に電話をするのが間違いなく（例外を除く）、ネット証券での売買は、元々が完璧ではないという考えを持つことが大切だと思います。

第二は、証券会社を分散しておくことです。万が一、自分がポジション（株）を持っている証券会社でシステム障害が発生したら、もうひとつの証券会社でその反対売買をすることです。もちろん、貸借銘柄（空売り可能銘柄）であるかどうかなどの制約はありますが、証券会社を分散しておけば、かなりの場面で対処できることは間違いありません。また、そのときに、無駄な手数料を支払いたくないなどの考えが頭を過ぎるかもしれませんが、これも、普段から安い証券手数料なのだから、たまの出費は当たり前だと、あらかじめ考えておけば造作ないと思います。

正しい理屈よりも、目の前の現実に対処することが一番大切です。そのためには、あらかじめ柔軟な考えを持っておくことが重要だと思います。

繰り返しになりますが、自分が正しいトレードをして、利益が出るはずなのに逆に損害になる場面です。自分の判断で思惑がはずれたときでさえ、損切りが難しいのに、自分の思惑通りになったのに、他人の不手際で損害となるのです。その損害を受け入れられるかという視点から、**損切りしにくくなる極めて危険な場面**であるという点を再確認したいと思います。

正考
seikou

自分の正しい理屈よりも、目の前の現実に対処する。

11

そこに固執しない

損切りという行動はベテランの域に入っても、たいへん難しいのですが、少しでも「損切り」を容易に行えるようにするためには、過去の相場の経験値や、「損切り」の行動を正当化するための思考を、数多く持っておくことがとても大切です。歴史の人物にも、「そこ」に固執せず、最後に成功を勝ち取った偉人がいます。その偉人から、損切り（一時避難）についての重要性を学びたいと思います。

紀元前650年あたり、中国の春秋（しゅんじゅう）時代のお話です。晋（しん）の国（現中国山西省）の王様には何人もの子がいました。その中で、王様は世継ぎを誰にするか悩んでいました。王様の子には、太子の申生（しんせい）と重耳（ちょうじ）という優秀な子がおり、また、その他にも王様が寵愛するリキという女性が生んだ子がいました（その他の子は省略しています）。

王様はあるときから、自分が寵愛するリキの子を、世継ぎにしたいと考えるようになりました。リキも自分の子を世継ぎにさせたく、本来の世継ぎである太子申生の悪いうわさなどを、家臣や領民の間に流して評判を落とそうとしました。

さらに、リキは一計を行動に移します。リキは、太子申生が王様に献上する食べ物に密かに毒を盛り、暗殺しようとしたように見せかけたのです。これに激怒した王様は、太子申生に討手の兵を出し、ついに太子申生は自害して果ててしまいました。これを見た弟の重耳は、このままでは自分も命が危ないと考え、自分の国である晋を捨てて、すぐに他国に逃げます。

重耳はその後、困難を経ながら、諸国を巡ります。晋の国から逃げて19年後、さまざまな事情を経てから重耳は晋の国に帰国すると文公（ぶんこう）を名乗り、晋の国の王様となりました。さらに重耳は、晋の王様になると、幾多の戦いなどを経て、ついには、諸侯を召集して天下のことを取り決める春秋の覇者にまでなりました。

このお話にはトレードにも共通する思考が示されています。それでは、具体的に相場を見てみたいと思います。

次ページは、NTN（6472）の2012年3月～10月の日足チャートです。

2012年3月のNTNの株価は、350円を超えていましたが、4月から下落していきま

◆NTNのチャート（2012年３月～７月）

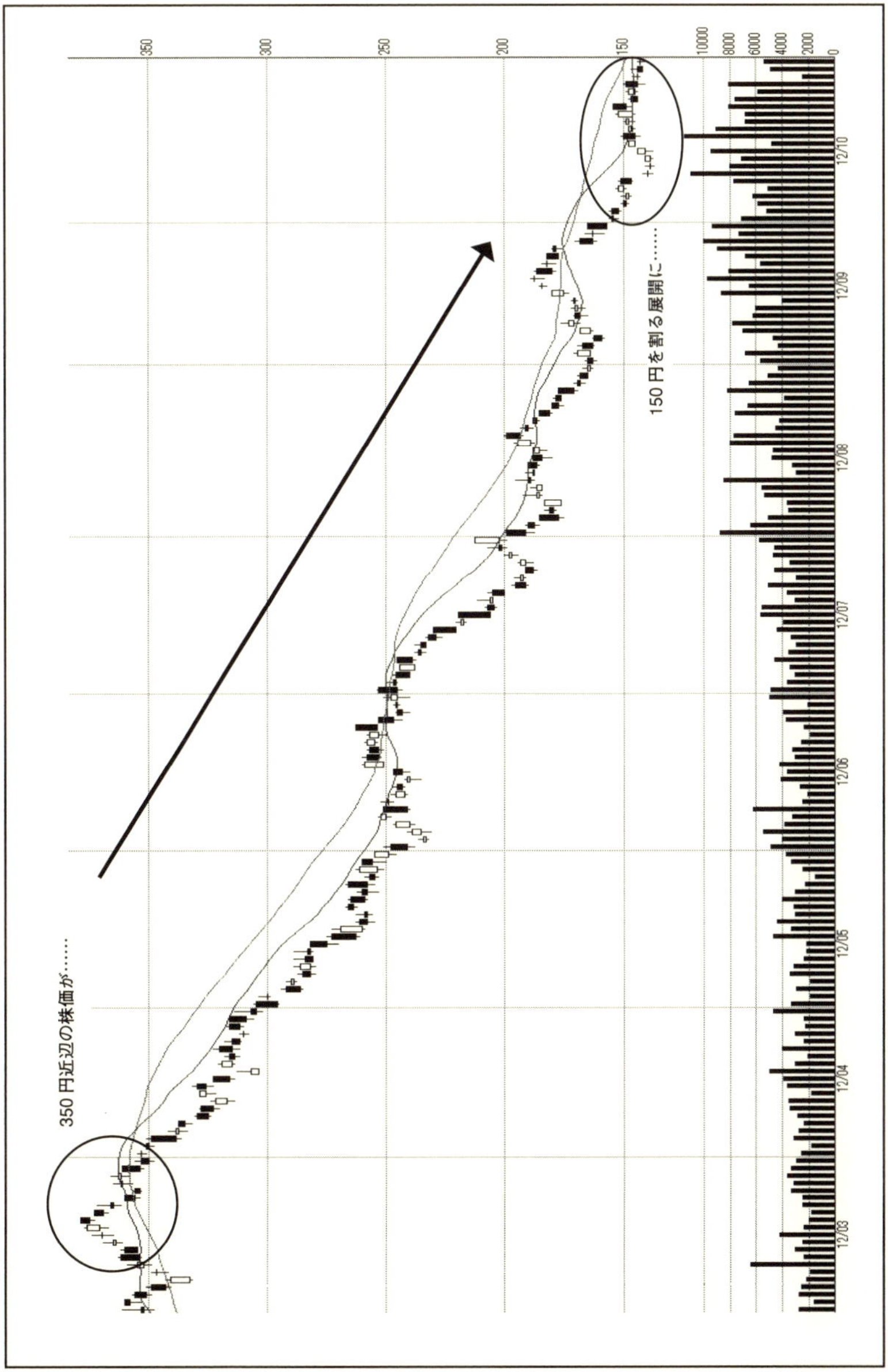

す。仮に、このＮＴＮという銘柄の保有に固執していたらどうでしょうか？

同年１０月には、株価は１５０円をも割り、当初の株価の半分以下になってしまいました。投資は「長期投資こそが最善」などと言われた時期もありましたが、今の時代は違います。高度経済成長時代ならいざ知らず、根拠の薄い理由などで一銘柄に固執すると、このＮＴＮの株価のようになってしまう場合があります。自分の思惑通りにならないと判断したら、その銘柄には固執せずに、すぐに違う有望な銘柄がないか、他に目を向けることがとても重要なのです。

重耳には、兄の申生が自害したときに、父である王様にリキの罪状を訴え、信頼が厚い家臣や一族の協力を得て、リキの一派に対抗するという手段も考えられました。「重耳が晋の国の世継ぎになれるかどうか？」という観点から考えた場合、晋から亡命するという選択肢は、極めて取りにくくなります。しかし、リキ一派に対抗する手段を選択した場合、自分が殺される可能性も極めて高くなります。殺されてしまってはすべてが終わってしまいます。

そのために「世継ぎになる」ではなく「命をつなぐ」という選択肢を、重耳は選びました。**「世継ぎ」には固執せず、いったん、その場から逃げる**ことで、結果的に、その後に国王に即位しています。客観的に後から見れば、逃げるのは当たり前だと言われそうですが、重耳自身の観点から、また、その時点で得られた情報から考えれば、極めて難しい選択肢であったことは間違いありません。

トレードでも同じです。世継ぎになれる（収益になる）かもしれないけど、命をなくす（資産の大損害）かもしれないことを比較して考え、その場（そのトレード）に固執せずに、一時、逃げるということは大変な英断です。

重耳の諸国放浪中の逸話に以下のようなものがあります。

重耳が違う国の王様にお世話に

「固執」という重りをつけていると身動きできなくなる

なっているとき、その王様から次のように質問されました。

重耳さんが運よく晋の国に帰国でき、王様になれたら、今、いろいろな世話をしている私に、どんな贈り物をもらえますか？

重耳は、その王様に、こう答えたそうです。

万一、王様の軍と戦いになり、我が方が優勢の場合は三日間退きましょう

このときの重耳は、家なし金なしでしたから「晋に帰国できる」など誰もが考えていませんでした。もちろん、王様もそう思っていましたから、重耳の答えに対して大いに笑いました。

その王の家臣にいたっては、重耳に対して「無礼である」と激怒する有様でした。

その後、重耳が晋の王様になり、その国の軍と本当に戦うことになったとき、重耳は圧倒的優勢の中で、昔日の約束を守り、本当に三日間退いたと伝わっています。

重耳は放浪中に大きな苦労をしましたが、その経験が逆に彼を大きく成長させることになりました。そして最終的には、諸国の王様が目指した、決して誰にでもなることはできない春秋の覇者にまで上り詰めることができたのです。

トレードにおいても、同じです。一時、損切りで資産が落ちたとしても、それは重耳のように貴重な経験を得たということです。きちんとした投資の思考を携え、努力をすれば、また浮上できるのです。その場に固執せずに、損切りをして正しい経験値を積むことこそが、成功への道と言えます。

正考
seikou

その場（そのトレード）に固執しない。損切りとは、後方に前進することを言う。

12 規律と実行

第1章2話では孫子の兵法の内容から紹介しましたが、この12話では、孫子の兵法を記した、孫武（そんぶ）の人物の逸話から考察してみたいと思います。なお、孫子の「子」とは、先生の意の敬称であり「先生」という意味です。孫先生の名前は孫武と言います。

時は中国の春秋時代、紀元前515年あたり、孫武が呉（ご）の国に仕える場面でのお話です。呉の国の王様を以下、呉王（ごおう）と記載します。呉王は部下から、ある人物の推挙を受けました。孫武はこのとき、すでに孫子の兵法十三篇を書き終えていたところで、その兵法書が呉王の部下の目にとまり、推挙を受けたのです。呉王は、その孫子の兵法書を読むと、「これはすごい」と、すぐに孫武の能力を試してみることにしました。

呉王は孫武を呼び出すと、孫武に課題を出してみます。その課題とは「宮中の婦人を用いて軍の指揮の様子を見せてもらいたい」というものでした。孫武がこれを了承すると、すぐに呉の宮中の美女180人が集められました。孫武は、この美女たちに隊列を組ませ半分に分けると、呉王の寵姫2人をそれぞれの隊長に任命しました。そして、太鼓の合図によって、右を向かせたり、左を向かせたりと命令を詳しく説明します。

説明が終わると、太鼓を打ち「右！」「左！」と命令を出しますが、呉王の寵姫2人はもちろん、180人の美女たちも、笑い転げてお遊びそのものでした。孫武はそれを見ると、命令が明確なのに、それを実行できないのは隊長の責任であると、呉王の2人の寵姫を処刑しようとします。

それを壇上で見ていた呉王は、「その2人がいないと食事も喉を通らないので、処刑するのはやめろ」と慌てて止めました。しかし、孫武は「軍中にあっては君命でも従いかねることがござる」と言うと、呉王の寵姫2人を本当に斬ってしまったのです。

そして、すぐに新たな隊長を選び、太鼓で命令を出したところ、宮中の美女180人は、声ひとつ出さずに、右の命令が出れば右を向き、左の命令が出れば左を向き、整然と命令をこなしました。孫武は瞬く間に宮中の美女を、手足のように扱える兵にしてしまったのです。

孫武は、呉王に壇上から降りてきて、この兵を見てくださいと言ったところ、呉王は寵姫2人を殺されているので、怒り心頭でそのまま帰ろうとしました。孫武は、その呉王に向かって次のように言いました。

呉王はその後、寵姫2人を失って悲しみに暮れつつも、同時に孫武の才能を高く買い、呉の大将軍に抜擢しました。呉の大将軍となった孫武は、呉の兵を率いて、隣にある大国を攻めて都を落とし、さらに北の諸国を脅かして、呉の恐ろしさを諸国に見せつけました。

軍を強くするためには、まず規律が大切です。この孫武と呉王の寵姫のお話は、その規律の厳しさがあるゆえに兵が強くなった例です。

トレードでも同じです。**人は弱いものだと認識することがまず大切**です。人の感情に逆らっての行動は苦痛を伴います。自分で損を確定するという行動は、誰もが嫌なことであり、受け入れるには苦痛を伴うため、結果として損切りがしにくくなります。だからといって、感情に流されてトレードをしていると損切りができずに、最後には、ほぼ100％の確率で投資は失敗します。

それを補うのが規律です。なお、本章第7話の「自分の得手・不得手を知る」では、損切りについて裁量が得手な人は裁量で行い、不得手の人は機械的に行いましょうとお話ししました。

不得手の方は第7話でお話しした通り、何パーセントの逆行やティック数で「最初から」機械的に行うのが最善です。得手の方については、この12話で補足させていただきます。

得手の方は基本的には裁量で、その場面ごとにご自身で判断して損切りを行うのが最善となりますが、そうはいっても、得手の方にも規律が必要です。それは、ある地点を超えてまでの裁量は良くないということです。裁量が得手であっても、やはり、無制限に裁量を適用するべきではありません。

人は弱いものだとまず認識をすることが大切だとお話ししたように、裁量が得手の方にも、当然、その言葉が当てはまります。裁量が得手の方も、限界ラインの規律を必ず作るべきです。なぜなら、投資においては絶対に全滅（資産の大半を失う）をしてはいけないからです。第1章5話でもお話ししたとおり、たった1回の運が味方しなかったことによって、投資のすべてが終了しては決していけないのです。

なお、私は基本的に裁量でトレードを行っています。その部分について得手だからです。しかし、限界ラインの規律も持っています。私の規律は、運用投資総額の１０％を超える場合は、機械的に損切りをするというものです。

ここまで、規律の重要性をお話ししました。次は、その大切な規律を実際に「実行する段階」を考えてみます。

孫武のお話の中で、孫武は呉王に「呉王は兵法の理論は好まれても、実行はできないのですね」と言っています。この孫武の言葉はとても重たいものです。理屈でわかっていても実行できなければ、それは何らの意味もなしません。実行することによって、はじめてその効果は絶大な形となって現れます。

損切りの重要性の理解と、損切りを実際に実行する段階は、違うレベルでのお話になります。呉王のように頭で理解はできても、実行が極めて難しいのです。それだけ、この両者の間の距離は遠いものだと認識しましょう。

私が過去に多くいただいた損切りの実行の質問の中で、次のようなものがあります。

損切りをした後に、すぐ株価が元に戻っていった場合、その損切りは失敗なのでしょうか？

結論から答えるとそれは失敗ではありません。損切りは正しい行為なのです。損切りをした後に、たまたま何かしらの理由によって株価が戻っただけなのです。第３章１６話で後述しているように、投資においては、結果だけで物事を判断してはいけません。**結果が出る前の確率で判断することが何よりも大切**なのです。損切りをした後に株価がたまたま元に戻っても、それはすでに違う話だと基本的に考えてください。このような事象は、私自身にも1カ月に何十回も起こる当たり前のことです。逆に、それを考えてしまうと損切りはできなくなります。**大切なことは、株価が元に戻る可能性を考えるよりも、今、損切りをすること**です。

少額の損切りは投資の経験値を積んでくると、だんだんしやすくなっていきます。次に考えなくてはいけないのが、大きな（大金）損切りの場面です。

裁量が得手の方は限界ラインを作るべきだとお話ししましたが、損切りを実行する場面においては、「限界ライン」というキーワードは極めて重要になります。なお、裁量が不得手の方も、限界ラインを作っておくことをお勧めします。限界ラインのことを、私は最終防衛ラインと呼んでいます。なぜなら、このラインを突破してしまうと、資産の著しい損害により、すべての投資が終了してしまう可能性があるからです。最終防衛ラインは必ず死守（損切り）すべきところです。ただし、最終防衛ラインまで達したときは、通常、損切りの額が大きくなっていることがほとんどです。私の場合、運用投資総額はおよそ1億円になるため、最終防衛ラインの額は1000万円の損切りになります。このときに、果たして1000万円の損切りが素直にできるのか疑問です。

それでは、どのようにして大きな損切りを実行するべきでしょうか。これについては100％の答えはありません。ただし、少しでもその実行ができる確率を上げておくことは可能だと思います。

人は平常時と異常時では違う考えをします（第1章4話参照）。だからこそ、あらかじめ平常時から、この最終防衛ラインで損切りをするシミュレーションをしておくことがよいと思います。

私の場合は、現に1000万円を失う明確な想像をして、そこで損切りをしなかった場合、その先には大きな崖があり、その崖から自分はもちろん、家族も、マイカーも、家も、すべてが落ちていくようなシーンを仮想しています。

「損切りをしなければ、ここで失う1000万円という金額よりも、その先にはもっと大きな損害が待っているぞ」という恐ろしい仮想を描くことによって、損切りの重要性を自分に言い聞かせているのです。これによって、万が一、最終防衛ラインまで達してしまった場合は、損切りできる確率が高くなります。なお、その際には、損切りをしなければ元の株価に戻るかもしれないなどの、余計なことは考えずに、崖から落ちていくこと以外は、すべて頭を真っ白にさせる仮想も行っています。

以上は私の例なので、すべての方にこれが当てはまるとは限りません。要は、損切りをしないと、さらにもっと大変な事態が待っていると考えられるシーンを、具体的に用意しておくことが大切なのだということです。一見、ばかばかしいと思われる方もいるかもしれません。しかし、人は、想像もしたことのない場面で究極の決断を迫られたとき、判断を誤る確率が極めて高くなります。そ

損切りをしないでおくと、「もうこれ以上ないというくらい最悪の事態が起こってしまう」とシミュレーションするのも、損切りをしやすくするためのひとつの手です

の事態を避けるためにも、平常時に異常な場面を仮想しておくのです。これは、防災訓練と同じです。通常時、小さな損切りができる方でも、最終防衛ラインまでくるような大きな損切りの場合には、ある意味、覚悟が必要となります。今までの小さな損切りよりも、何十倍ものパワーが必要となる決断に迫られるからこそ、あらかじめ頭の中でシミュレーションをしておくことが大切なのです。

ちなみに、私は専業投資家になってからは、この最終防衛ラインにまで達したことはありません。潤沢な投資の経験値があるゆえに、それよりも、もっと手前で損切りを行うことができるからです。これからもそのラインにまで達しない自信はありますが、投資の世界では何が起こるかわからないのです。そもそも、投資とは、そういう世界であるという認識が必要です。

トレードを成功に導くために、きちんとした自分自身の規律というものを設けて、またその実行性の段階について、よく確認をすることが成功への道になります。

この章では、防御面のお話一辺倒となりましたが、投資においては防御は最大の攻撃なのです。内容は防御面ですが、実質的には攻撃のお話なのです。

正考
seikou

規律を設けて実行できるための防災訓練を定期的に行うこと。
防御は最大の攻撃なり。

第3章

投資家として成功するためのステップ

13 失敗は成功の元

今回は、徳川家康公と武田信玄公の間で起きた三方ヶ原の戦いの、その後の家康公の教訓を紹介します。

元亀3年（1573年）、信玄率いる2万7千の軍勢と、家康率いる1万1千の軍勢が、現在の静岡県浜松市で激突しました。この両者の戦いは兵力差もさることながら、信玄率いる戦国最強の武田騎馬軍団を相手にしては、家康には勝ち目がないという見方のほうが強いものでした。

案の定、実際の戦闘がはじまると、武田軍は自慢の騎馬隊を次々と投入して、家康の軍勢を撃ち破りはじめます。家康側の各部隊は、次々に撃破され、ついに家康本隊も潰走しはじめました。家康のすぐ近くにも武田兵が迫ってきて、家康の旗本衆もどんどん討ち取られていきました。

家康は懸命に逃げましたが、気がつくと一緒に逃げている家臣は、もはや数名しかいませんでした。すぐ後ろには武田兵が殺到して追いかけてきます。家康は、もはや絶体絶命となり、恐怖のるつぼに陥りました。しかし、この絶体絶命の家康を、三河（徳川家）の忠義の家臣が、自分たちの命と引き換えに助けます。家康から采配を奪うと「我こそ家康」と叫びながら、敵中に突入して果てた鈴木九三郎氏、城を守っていたはずの夏目吉信氏は、家康の窮地を見て、城の兵２０人を引き連れて助けに現れると、やはり家康の身代わりとなって果てました。

これら忠義の家臣たちの犠牲によって、家康は奇跡的に城まで逃げ帰ることができました。このとき、家康はあまりの恐怖のため、馬上で脱糞していたと伝えられています。

家康は城に戻ると絵師を呼びました。そして、このときの自分の情けない姿を描かせます。これが有名な家康公の「しかみ像」です。このしかみ像は現存しており、徳川美術館が所持して、不定期に公開しているそうです。

自分の判断の誤りで、多くの忠義の家臣を失い、また自らも滅亡寸前にまで至ったことの戒めとして描かせたと言われています。家康はこのしかみ像について後年も己の慢心の自戒として、生涯座右から離さなかったと伝えられています。

後年、家康が天下を取った「関ヶ原の戦い」の戦術は、まさに、この三方ヶ原の戦いでの信玄の戦術そのものを使ったと言われています。家康は、多くの忠義の家臣の死を決して無駄にせず、その大失敗から、それ以上の教訓を学んだのですね。

投資を続けていると、失敗をすることが必ずあると思います。時には、頭の中が真っ白になり、息をしていることだけで精一杯になることさえあります。私も、まだ専業投資家になる前にとても大きな損を出しました。とても恥ずかしい話ですが、私は涙をこぼしたことがあります。当時の私は、食べ物が2日ほど喉を通らず、絶望感が脳裏を支配しました。

しかし、このとき、家康公のしかみ像を思い出しました。失敗をしたからこそ、大きく学べることがあるのです。そのときの失敗を決して忘れず、そして必ず教訓にしようと思い、自分の格言を作りました。この格言は、今でも投資をするうえでの自分の骨格となっておりますので、ここに紹介します。

投資に絶対はなく「こうだろう」と思うことは案外起きず、「まさか」と思うことが案外起きる

自分の失敗を教訓にして、自分で作った格

あなたにとっての「しかみ像」はどんな姿ですか

言だからこそ、今でも決して忘れません。この自分で作った格言によって、自分を過信せずに「まさか」と思うことにも、用心するようになりました。それによって、２００８年に起きたリーマンショック時には、いち早く異常を察知して、「まさか」が起きた場合に、逆に利益になるような算段までもっていくことができました。

現在でも、この格言があるがゆえに損切りがしやすい心理となっています。その結果として、専業投資家を続けていられるのだと思います。今振り返ると、あの涙をこぼした大損の事象は、とてもよかったことだと思っています。

今でも毎月のように失敗を繰り返しています。悔しくて歯ぎしりをする日も珍しくありません。しかし、そのひとつひとつの失敗が、また自分自身を飛躍させてくれるのだと思います。そのときに失敗をしても、それを教訓にすれば、それは失敗ではなくなるのです。

正考
seikou

失敗の原因を考え、教訓にする。

14 いろいろな方向から学ぶ

紀元前290年あたり、中国史から有名な故事と合わせて紹介させていただきます。中国、斉（せい）の国（現山東省）に、孟嘗君（もうしょうくん）という戦国四君に数えられた人物がいました。

孟嘗君は人望がたいへん厚く、一芸に秀でた食客（浪人や客人）を3千人も世話していました。その食客には、学者や武芸者が多かったのですが、中には、一流の泥棒や物真似名人など、当時、食客としては考えられない者まで世話をしていました。学者や武芸者などの食客からは、泥棒や物真似名人などと一緒にされたくないと陰口などをたたかれていました。

あるときのこと、秦（しん）の国の王様が、名高い孟嘗君を自国に招待して歓迎しました。秦の王様は、孟嘗君がただ者でないことを見破ると、このまま国に帰しては、いずれ、自分の秦の国に禍をなす人物だと判断しました。そのため、王様は秦の国に滞在していた孟嘗君一行の屋敷を警備兵で囲み、帰国できないようにしてしまったのです。

命の危険を察知した孟嘗君は、秦の王様のお気に入りの女性に、なんとか王様に許してもらえないかと、口添えを頼んでみました。すると、その女性は、ある宝と引き換えに王様への口添えを約束してくれました。しかし、宝は厳重な宝物庫にあり、持ち出すにはかなりの困難が伴いました。

ここで、孟嘗君は、食客のひとりに一流の泥棒がいたのを思い出します。その泥棒に頼んでみたところ、見事に、宝物庫から宝を盗んできたのです。その宝を秦の王様のお気に入りの女性に渡したところ、その女性は約束通り、王様に孟嘗君の屋敷から警備兵の囲みを解くように頼みます。この女性の頼みには逆らえない王様は、すぐに警備兵の囲みを解かせました。警備兵の囲みが解かれると、孟嘗君の一行は、王様の気が変わらないうちに、すぐに、秦の国から、自分の国である斉に向けて出発します。

秦の国から逃げる途中、関所まで来ると、時間が夜中ということもあり、門が閉まっていました。その関所は、朝の鶏の鳴き声によって門を開ける規則になっていました。朝まで待っていたのでは王様の気が変わり、追手が来るかもしれません。困った孟嘗君でしたが、ふと自分の食客に物真似名人がいたのを思い出します。その者に鶏の鳴き声をさせたところ、つられて本物の鶏もみんな一斉に鳴き出しました。物真似名人の活躍によって、まだ夜中の時間帯にもかかわらず、関所の門が開けられ、孟嘗君一行は秦からの逃避行に成功したのです。この孟嘗君のお話から鶏鳴狗盗（けいめいくとう）という故事が誕生しました（鶏鳴狗盗には違う意味の解釈もあります）。

さて、私はよく次のような質問を受けることがあります。

「最初に投資の勉強をするときに、どのような勉強をしたのですか?」

この質問に対していろいろお答えするときに、かなりの確率で驚かれることがひとつあります。それは、私が参考にするブログについてです。

投資の勝利を目指して、いろいろなセミナーや書籍、また投資のブログやHPなどをご覧になる方が多いと思います。セミナーや書籍は当たり前として、参考にするブログやHPは、どうしても成功者の話が主流になってしまうと思いますが、いかがでしょうか?

専業投資家を目指していたときの私は、毎日、成功している方の投資ブログやHPで勉強する傍ら、うまくいっていない方のブログも必ず参考にしていました。両方を比べることによって、どの部分に違いがあるのかが、よく際立ったのを覚えています。

孟嘗君の例のように、まったく思いもよらない一芸の人が、あとで命を救ってくれたりすることも考えると、どのような発想であれ学ぶべきことはあるはずです。成功の一部分からの視点だけではなく、失敗の視点など、違う方向からの勉強も、投資を成功に導くうえではとても有用です。

違う視点から見て「比較」をすることによって、より深い理解が得られるのです。なお、うまくいっていない方のブログを参考にさせていただいたら、そのブログにコメント欄などがあれば、比較の結果などを伝えて、情報を共有できればさらによいと思います。

上から、下から、横から……。同じリンゴでも、見る角度によって、その形状は違って見えます。いろいろな方向から眺めることではじめて、全体の形が浮き彫りになります

失敗の視点。成功の視点。それぞれの原因を知れば、深い教訓が得られます。ご自身で体験したそれらの視点の教訓を１０とすると、他人様の貴重なブログでの体験談は、１０には及ばないものの、３～５（かなり大雑把です）の教訓がいただけるのだと思います。

正考
seikou

一方向だけではなく、いろいろな視点から学ぶ。比較をするとより良い。

15

心の余裕

前14話に引き続き、この15話でも孟嘗君（もうしょうくん）のお話から教訓を学びたいと思います。孟嘗君は人望がたいへん厚く、また優れた政治家であったため、その名前は他国にも轟いていました。優れた人物というのは、歴史に鑑みると危険が伴うのが常であります。なぜなら、（その優れた人物の主人である）国の王様にその才を妬まれやすく、さらに「いつか自分がその優れた人物に殺されるかもしれない」という猜疑心などが生じやすいからです。孟嘗君もその例に漏れず、自分の国の斉の王様から、たいへん警戒され、役職を解任されたりと、理不尽な目に遭っていました。

孟嘗君は、優れた食客（浪人や客人）を3千人も世話していました。その食客の中に、フウカンというたいへんな知恵者がいました。フウカンは、斉の国の王様の孟嘗君への扱いや態度を見て、孟嘗君に次のように進言しました。

「兎は逃げるための穴を3つ持っています。しかし孟嘗君には、逃げる穴が自分の領地しかありません。逃げるための穴をあと2つ作りましょう」

フウカンは孟嘗君にそう伝えると、他国に、孟嘗君を売り込みに行きました。すると、孟嘗君の名声を高く買っていた魏（ぎ）の国の王様は、孟嘗君のために、国の上席の地位を空けておくと伝えました。それを知った斉の国の王様は、孟嘗君のことを警戒はしているけれど、他国に取られては困るという理由で、孟嘗君に詫びて、斉の国にとどまるように説得しました。これによって、孟嘗君は、①自分の領地、②魏の国の上席の地位、③斉の国の地位という3つの穴を確保できました。

この後、斉の国の王様は、再び孟嘗君を疎みはじめたため、命の危険を察知した孟嘗君は魏の国に亡命して、魏の国の宰相として迎えられました（②）。この孟嘗君が3つの穴を用意した事象から、狡兎三窟（こうとさんくつ）という故事が生まれました。

この孟嘗君の狡兎三窟（こうとさんくつ）からは、さまざまな教訓が得られます。それらを本書では「余裕」という言葉に変換して応用したいと思います。私は、過去にいろいろな方から、次のような相談をいただきました。

専業投資家になるためには、今の仕事を辞めて、投資の勉強に特化することがよいのですか？

私は、その相談を受けると、「お勧めしません」とお答えしています。

もし、専業投資家を目指して、すべての時間を投資と勉強に費やすと、その間の生活費は、貯金を切り崩して賄う形になるのが一般的だと思われます。その場合、毎月減り続ける貯金額を見ながら、「もう成功させなければいけない」など、本来、投資に関係のない気持ちが心を支配していきます。人は、常に自分に都合の良いように物事を考えたいと無意識で思っています。すると、「もう成功させなければいけない」という思いから、本来は損切りをしなければいけない場面などで損切りができずに、「これは、一時的に株価が下がってい

いざというときの逃げ場所の数が多ければ多いほど、「まさか」が起こった場合でも、うまく立ち回れる可能性が高くなる

るだけ」などと、自分に都合の良い解釈をして、最後には投資資金のすべてを失うような事態になってしまう恐れが出てきます。

以上のようなことを考えると、できれば、他の収入を確保しながら勉強を行うこと、先の故事でいう「他の穴を確保すること」こそが最善だと考えます。穴を増やすことによって、「心の余裕」が生まれます。心の余裕を持って行った投資については、失敗した場合に「何が間違っていたのか」という反省点がわかりやすいのです。逆に、心の余裕を失って行った投資は、日々の生活が何よりも気になってしまい、「何が間違っていたのか」さえもわからなくなります。

本章13話の「失敗は成功の元」でもお伝えしたように、投資の経験において、学ぶべき大きな要点のひとつは「自分は何が間違っていたのか」を知ることです。その失敗を極力、繰り返さないことが何よりも大切だからです。エジソンではありませんが、失敗を知ることによって、成功への間口に近づいていけるのです。

「心の余裕」を失っての投資は、失敗する方向に向きやすく、また、投資家としての財産となる失敗の原因さえわからなくなってしまいます。

狡兎三窟（こうとさんくつ）という故事から学べることは、穴を複数作ることにより、「心の余裕」を持ち、投資に邪念を重ね合わせない状況（仕組み）を作ることが大切ということです。また、**ひとつの失敗から多くを学べる環境作り**も、投資の勉強をするにあたっては、とても大切なことです。「心の余裕」は、投資で一時的に成功するための絶対要件ではありませんが、長期的に成功するためには絶対要件であると考えます。心の余裕を確保するためにも、複数の穴を作りましょう。
投資法についても同じことが言えます。現在、ご自身ですでに投資法を確立され、得意分野があるベテランの方は、他にも少しずつ手を広げてみてはいかがでしょうか？　もちろん、ひとつの得意分野に特化したほうが、よりよい収益が出ると思われますので、あくまでも、得意分野がある方には、他はオマケ程度でよいかもしれません。あとは、ご自身の手法と、時代の流れ、また投資環境の進化の過程を総合的に考え、狡兎三窟（こうとさんくつ）の理屈を、頭に入れられておくのがよいかと思います。

正考
seikou

心の余裕を持つことによって正しい投資家への軌道が開ける。車の車輪は1輪よりも3輪が望ましい。

16

勝ちの原因を明確に知る

トレードを行った結果は、利益となるか、損失となるか、あるいは引き分けとなるか、基本的には3通りのどれかになります。しかし、このトレードの結果だけを見て、すべてを受け止めてはいけません。なぜなら、結果的には勝ちだが、内容的には負け（ただの運）であったり、逆に、結果的には負けだが、内容的には勝ち（正しい）のケースが多々あるからです。

ある程度の期間を経ると、どこかで、そのつじつまが合うようにできています。そのつじつまが落ち着く先は、トレードの内容に見合う損益ということになります。今回の歴史の教訓は、日本の偉大な小説家、故司馬遼太郎先生の談（合戦について）から考察してみたいと思います。

以前、私が松山に出かけた折、司馬遼太郎先生の名著『坂の上の雲』を題材にした坂の上の雲ミュージアムを訪れました。そのときに、司馬遼太郎先生の談で「合戦の帰結」に関する衝撃的な文章を見つけたので、私が要約して紹介します。


日露戦争では、日本は勝利を続けた。

しかし、実際には際どい勝利であり、ロシアはみずからに敗けたところも多く、日本が圧倒的に強かったわけではない。日本国はそれを国民に教えようとはせず、国民もそれを知ろうとはしなかった。

その後、日本には、戦争に対して勝利の絶対視みたいなものが生じ、日本軍の神秘的強さを信仰するようになり、その部分において民族的に痴呆化した。

日露戦争を境にして日本人の国民的理性が後退し、やがて国家と国民が狂いだして太平洋戦争に突入して敗北したのは、日露戦争後わずか40年後のことである。

敗北が国民に理性をあたえ、勝利が国民を狂気にするとすれば、長い民族の歴史からみれば、戦争の勝敗などというものはまことに不可思議なものである。


この司馬遼太郎先生の合戦の談をトレードの話に移し変えると、以下のようなことになると思われます。

トレードで勝ち続けた結果が出たとしても、その勝ちが実力なのかどうかは怪しく、また、その勝った原因も知ろうとはしない。

勝ち続けると、いつしか勝ちが当たり前となり、敗北を忘れ、気がついたときには取り返しがつかない事態になっている恐れがある。

勝ちが人を狂気にし、負けが人を冷静にするとすれば、トレードの目先の勝敗とは、まことに不思議なものである。


とても考えさせられる内容です。では、具体的に相場を見てみましょう。


次ページは、日経平均株価の1980年~2000年の年足チャートです。

1980年代前半は、5000円~1万円の間を推移していた日経平均株価は、1985年のプラザ合意を皮切りに上昇の速度を速め、1989年には日経平均株価の最高値（終値ベー

◆日経平均のチャート（1980年～2000年）

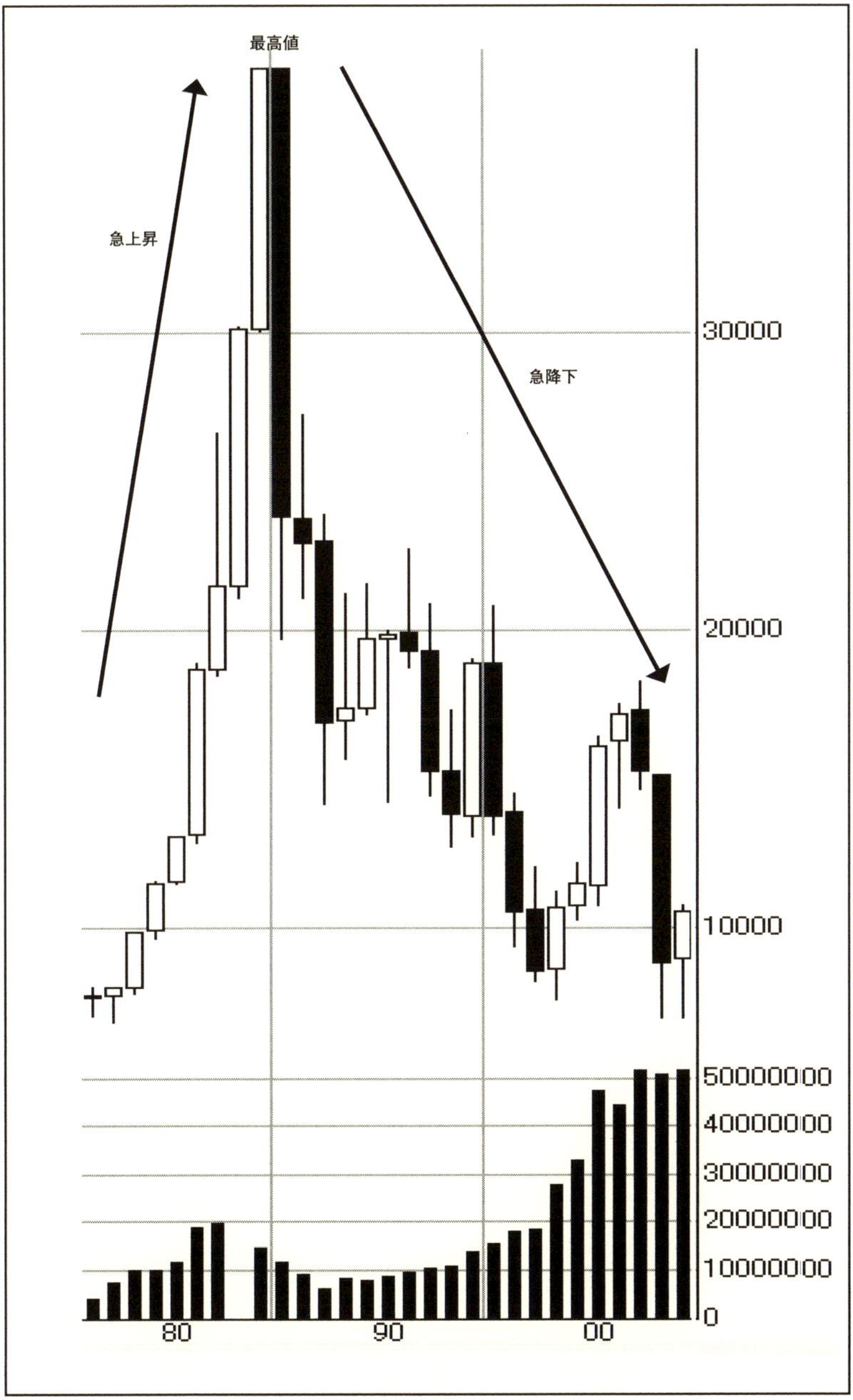

ス）である3万8915円まで上昇していきました。いわゆるバブル相場です。
この波にうまく乗った人は、大きな資産を形成し、まさに我が世の春を謳歌しました。しかし、絶頂を迎えた日経平均株価は、1989年で天井を迎え、翌年の1990年には安値（終値ベース）2万221円をつけます。さらに、2年後の1992年には、安値（終値ベース）1万4309円をつけ、大きく暴落をしていきました。

このバブルの波にうまく乗り、我が世の春を謳歌した方の多くが、逆に資産を失い、さらには大きな借金を作ってしまったということも少なくありませんでした。

以下に有名な言葉があります。

「勝ちに不思議な勝ちあり、負けに不思議な負けなし」

これは、大名であり剣豪でもあった平戸藩主松浦静山公の名言です。近年では、元東北楽天ゴールデンイーグルス監督の野村克也氏が用いた言葉として知られています。

読んで字のごとく、勝つときは根拠もなくたまたま勝つことがあるけれど、負けるときは、必ず原因があって負けるという意味です。

バブル相場で資産を増やし、そして失った方には、本来、投資の実力があったわけではなかったのです。ただ、時代の波に乗れたために資産が増えたという方が圧倒的だったのです。そのために、その後の日経平均株価の下落には対処ができなかったのです。

「なぜ投資で利益を得られたのか?」

という点を、よく振り返り、それが自分の実力によって優位性を発見した結果なのか、それとも、ただ単に運がよかっただけなのか、よくそれを精査する必要があります。この精査をしないままにしていると、投資の勝ちを、いつしか自分の実力と勘違いしてしまうのです。そして、その勘違いは、後日、「負けに不思議な負けなし」の通り、何倍もの負の遺産となって自分にはね返ってくるのです。そうならないために、勝ちの原因を精査することがとても大切なのです。

結果だけで判断して、その結果を生み出すことになった原因をしっかり見ることがなければ、いつまでたっても投資（トレード）は上達しない

勝ちの中身を知ることで「結果的には勝ちだが、内容的には負け（ただの運）」を極力、排除し、逆に「結果的には負けだが、内容的には勝ち」については、そのまま受け入れます。これを継続することによって、成功への道がまた一歩開いていくのです。

本章13話では失敗の原因を知り、この16話では成功の原因を知る重要性をお話ししました。

正考
seikou

勝ちの結果だけを見て自分の実力だと勘違いしない。勝った原因を精査して運なのか、実力なのかを知る。

第4章

陥りやすい失敗を知る

17 あせりの弊害

投資では自滅していく人が多いと、序章で書きました。ならば、その自滅しやすい場面などをあらかじめ知っておけば、最悪の事態を回避できるかもしれません。本章では、そのような視点から、陥りやすい失敗を紹介していこうと思います。

投資で失敗をする理由はいろいろありますが、最初に「あせり」からくる失敗をお話しします。「あせり」は、人が失敗を繰り返す典型的な原因になります。歴史上でも、その「あせり」から、多くの偉人が失敗を重ねてきました。では、その歴史の教訓を学びたいと思います。

慶長5年（1600年）、有名な関ヶ原の戦いが、東軍の徳川家康公と西軍の石田三成公を総大将として行われました。関ヶ原の場所は現在の岐阜県ですが、東軍と西軍の戦いは関ヶ原だけではなく、日本各地でも行われました。その中で、西軍側（石田三成側）の上田（長野県）の真田昌幸公を攻めた徳川秀忠公（後の二代将軍）の観点から考察してみます。

1600年に、石田三成が挙兵すると、関東にいた徳川家康は石田三成と対決するために西に向かいます。家康は、徳川主力軍を跡継ぎの徳川秀忠に任せて中山道（長野県経由）を西に進ませると、自身は東海道を西へ向かいます。この両軍は後に岐阜県近辺で合流して、西軍の石田三成との決戦に臨む予定でした。

しかし、中山道を進んだ徳川主力軍を率いる徳川秀忠は、その通り道の近くにある上田城（長野県）の城攻めにこだわります。結局、城は落とせず、あろうことか、関ヶ原の戦いにも間に合いませんでした。

この徳川秀忠の失敗には、大きく2つのことが考えられます。

ひとつは、本章23話で後述する小事と大事の関係です。この状況での徳川秀忠の第一目的は、地方の城をひとつ落とすこと（小事）ではなく、関ヶ原の戦いに徳川の主力軍を参戦させること（大事）です。小事と大事の優劣は考えるまでもありません。

もうひとつは、第1章2話で紹介したメリット（リターン）とデメリット（リスク）の観点です。徳川秀忠が、仮に真田昌幸の上田城を攻め落とした場合、どのような評価になるでしょうか？　2千人の守兵しかいない地方の城を、百戦錬磨の徳川主力軍3万8千人で攻め立てれば、落城するのは当たり前だと言われます（リターン）。ところが、万が一、上田城を落とせなかったら、どれだけ采配が下手くそなのかと言われ、将来に向けて「戦下手」のレッテルが貼られてしまいます（リスク）。一度、戦下手のレッテルが貼られると、諸大名から侮られ、ひいては統治においても弊害を及ぼします。このリターンとリスクは、果たして効率の良いものと言えるのでしょうか。

結局、徳川秀忠は城も落とせず、関ヶ原の戦いにも間に合わず、彼自身の行動としては、最悪の結果を招いてしまいました。家康はこのような事態にならないように、あらかじめ、若い徳川秀忠を補佐させるため、徳川の知恵袋と言われた本多正信を同行させていました。徳川秀忠が上田城攻めをする際、本多正信は「大事の前の小事」と言って必死に止めたと伝わっています。しかし、徳川秀忠はそれを聞き入れずに、上田城攻めを敢行しました。徳川秀忠の二代将軍時代の政治等を考察すると、彼は決して無能な人物ではないことが窺えます。では、徳川秀忠は、なぜ上田城攻めにこだわったのでしょうか？

この小事と大事、リスクとリターンという大切な2点において、徳川秀忠の判断を狂わせた原因は「あせり」でした。徳川秀忠は家康の三男であり、順番からいえば本来は跡継ぎになる人物ではありませんでした。しかし、徳川家の諸事情によって跡継ぎと決定したのです（その時点では公に明確な決定まではされていません）。

徳川秀忠の兄である徳川秀康（結城秀康）は、武勇抜群、剛毅で体躯も素晴らしく、度量の広さも超一流と云われていました。それだけの兄を差し置いて、徳川家の跡継ぎとなるからには、徳川秀忠自身も何かの実績が欲しかったのです。そうです、このような戦を敢行してしまった理由は「あせり」にあったのです。「あせり」によって、小事と大事の優劣、リターンとリスクの正確な考量ができなかったのです。

この話はトレードにも共通します。では、具体的に相場を見てみましょう。

次ページは、スターバックスコーヒー（２７１２）の２０１２年６月～１０月の日足チャートです。

仮に、このスターバックスコーヒーの株が欲しいとします。６月に４万８０００円くらいで購入しようと思っていたら、４万９０００円に株価が上がってしまいました。また、すぐに下がってくるだろうと考えていたら、その後も、じわじわと上がっていきます。どこかで買いたいと考えてはいても、できれば押し目（株価の下落）を待ってから買いたいと思うのが人間です。

ところが、９月下旬には５万３０００円を超えてきてしまい、もう下がらないから、さすがに買おうと思っていると、９月２８日には急騰をはじめ、１０月２日には５万５９００円まで上がってきました。このようなケースで、スターバックスコーヒーの株を欲しいと思っていると、人はあせります。今すぐに買わないと、さらにどんどん上がってしまうと錯覚するのです。

すると、思わぬ高値を掴むことが多くなります。このチャートのケースで行くと、５万５０００円を超えていくあたりでしょうか。あせって５万５０００円を超えたあたりの高値を掴んだ後、急落しています。そして、このようなケースに限って、急落した下値５万３０００円あたりでさらに株価が下がって行くのではないかと考え、あわてて手放したりしてしまうものなのです。５万５０００円であわてて購入することが、リターンとリスクに見合うものなのでし

◆スターバックスコーヒーのチャート（2012年６月〜10月）

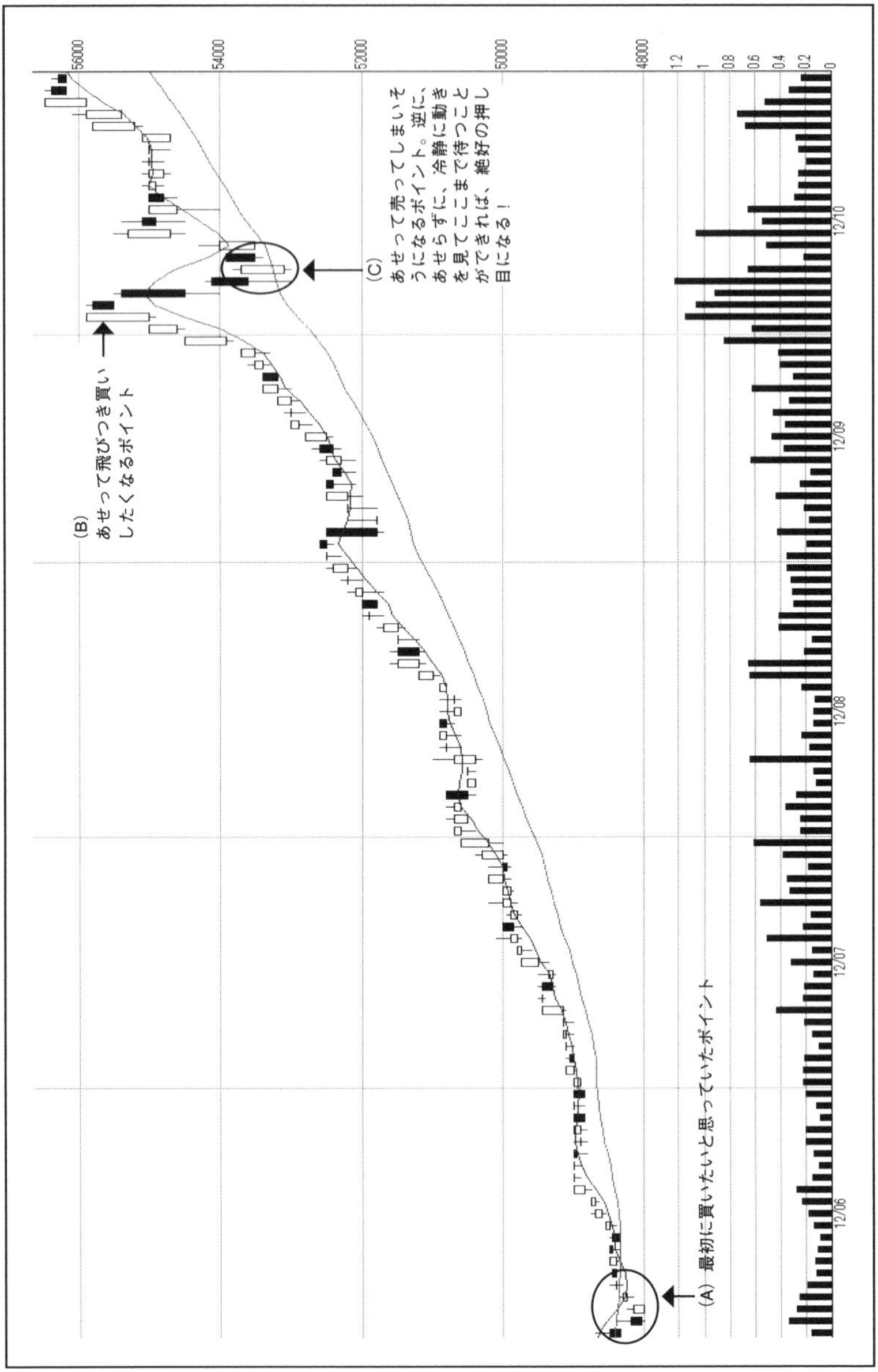
56000
54000
52000
50000
48000
1.2
1
0.8
0.6
0.4
0.2
0
12/06
12/07
12/08
12/09
12/10
（A）最初に買いたいと思っていたポイント
（B）あせって飛びつき買いしたくなるポイント
（C）あせって売ってしまいそうになるポイント。逆に、あせらずに、冷静に動きを見てここまで待つことができれば、絶好の押し目になる！

ようか？

投資をしていると、このようなケースにたびたび出合います。欲しいと思っている銘柄の株価がどんどん上がっていくと、誰しもがあせって買いそうになってしまいます。もちろん、あせって買ったケースで成功する場合もありますが、トータルで見ていくと、徳川秀忠のように失敗するケースのほうが多いはずです。

なぜなら、リターンとリスクなどの正確な計算がなされずに、あせりという人間的な感情でトレードをしてしまうためです。投資をするうえで、今、自分が何かの「あせり」を感じて投資をしようとしていないか、よくよく確認する必要があります。あせってトレードをしそうなとき、私の場合は、「あせるな、あせるな」「落

あせっているときには、注意力散漫になって、いつも以上に、危険性が増す

ち着け、落ち着け」と実際に口に出して、言い聞かせるようにしています。
あせりを抱きながらトレードを行うと、「勝率は激減する」という確固たる戒めを、自分に知らしめることが大切です。

正考
seikou

あせりを抱きながらのトレードの勝率は格段に落ちる。

18 決めつけをしてはいけない（相場に絶対はない）

トレードを行うときには、自信が小さいものから自信が大きいものまで、いろいろだと思いますが、自信が小さいときは、さほど大きな問題にはなりません。なぜなら、自信の度合いが小さいと損切りがしやすいため、大きな損害とはなりにくいのです。ここで**問題なのは、大きな自信を持って行うトレード**です。ご自身のさまざまな理由に基づいた根拠があるため、ここで「絶対にこうだろう」「こうなるはずだ」と考えやすくなってしまうことから、大きな失敗を招くことがあります。なお、無意識にそう考えている場合もあります。

これも歴史上の多くの人たちが陥った人間が失敗しやすい事由となりますので、また歴史から学んでみたいと思います。

今回は、日本史上において名うての戦上手であった源義経公の戦いから、平家がなぜ敗れたのかという視点で考察してみます。

義経は、ご存知の鎌倉幕府を設立した源頼朝の弟にあたります。

源頼朝が平家を滅ぼし、天下を統一できたのは、義経のおかげと言っても過言ではありません。義経はそれだけ、源氏にとって大変な働きをした人物でした。その義経の働きの中でも、特に大きな2回の戦い（一ノ谷の合戦と屋島の戦い）から考察してみます。

①一ノ谷の合戦

一ノ谷の合戦は、現在の神戸市に平家の大軍が布陣していたところを、馬が通れないと言われた断崖絶壁の山側から奇襲をすることによって義経軍の大勝利となった合戦です。このときの義経軍は、わずかに70騎。平家の軍勢は、馬も通れないと言われた山側には、警戒をしておらず、突如、現れた義経軍の攻撃を発端にして敗れました。

②屋島の戦い

現在の香川県高松市の屋島に本拠を置いた平家は、有力な水軍を擁して瀬戸内海の制海権を完全に握っていました。一ノ谷の合戦から1年後、義経軍は屋島攻略に挑みます。いざ義経軍が屋島攻略のために、現大阪府の渡邊津を出航する日はたいへんな暴風雨でした。義経の同僚の梶原氏は、この暴風雨の中の渡海は危険であり、出航を見合わせようと義経に進言しました。しかし、義経はその梶原氏の進言を聞かずに四国への渡海を決行します。義経の船団はわずかに船5艘150騎。この兵力にて、暴風雨の中、出航しました。渡邊津を出航した義経の船団は、28時間後、無事に徳島県の勝浦に上陸します。勝浦は平家の本拠である屋島からは、だいぶ東寄りになります。徳島県に上陸した義経は、在地の武士などを味方につけつつ、陸路で屋島を目指しました。そして、義経は、ついに屋島の背後に出ると、そこから攻撃を開始します。突如、島の背後から攻撃を受けた平家側は混乱しました。平家側は、義経軍は瀬戸内の海上から来るものだと考え、海上警戒ばかりを密にしていたのです。完全に不意を衝かれた平家軍は、その後、奮戦もしましたが、源義経側の梶原氏の大軍が屋島に渡海してくると、ついに屋島を捨てて逃げていきました。

この2つの大きな戦いには共通点があります。それは、義経が思いがけない点を衝いて奇襲を仕掛け、その奇襲を端緒に、平家側が敗れたことです（後白河法皇の奇謀やその他の理由はすべて割愛しています）。この2つの大きな戦いにおける義経はすごいとしか言いようがありません。常に、敵の「まさか」を衝く作戦を行いました。

この戦いについて、平家側の視点から教訓を得たいと思います。一ノ谷の合戦では、山側から敵は来ないと思い込み、また、屋島の戦いでは、暴風雨の中、敵は渡海して来ず、また背後からも敵は来ないと思い込んでいました。トレードでいえば、「ここで下がることはあり得ない」や「ここでは絶対に上がるだろう」などの考え方ではないでしょうか。では、実際に相場を見てみましょう。

次ページは、日本電気硝子（５２１４）の２００８年６月～１０月の日足チャートです。

このチャートを見ると、２００８年９月３日に１４２５円あった株価は、翌日ストップ安の１２２５円に張りつきました。株価が下落した直接の原因は、アメリカのガラス大手の会社が１株利益予想の減額修正を発表したことです。日本でも、電機株やガラス株に売りが膨らんだようでした。株価がストップ安に張りついた翌日の９月５日は、さらに株価は下げて１１８５円からはじまったものの、場中に上昇を開始して終値では１２３８円となりました。

この９月５日の出来高は、チャートを見るとわかるように（チャート下段の棒グラフ）、ずば抜けて高くなっています。出来高の急増はケースにもよりますが、反転のシグナルのひとつです。そのため、人によってはここで反転上昇すると考えるかもしれません。同年６月には２０００円を超えていた株価が、悪材料で１２００円近辺まで下げてきたのです。反転上昇するには良い頃だと考える人がいてもおかしくありません（繰り返しになりますが、ただ株価が安くなったという理由だけでの買いはしてはいけません）。

仮に、ここで「絶対に上がるだろう」「ここが底値になるはずだ」と考えてしまった場合、どうでしょうか。生身の人間であれば、いつの間にか無意識でそう考えてしまうことも少なくありません。この「絶対」「だろう」「はずだ」というのは危険です。なぜなら、自分の思惑が

◆日本電気硝子のチャート（2008年６月〜10月）

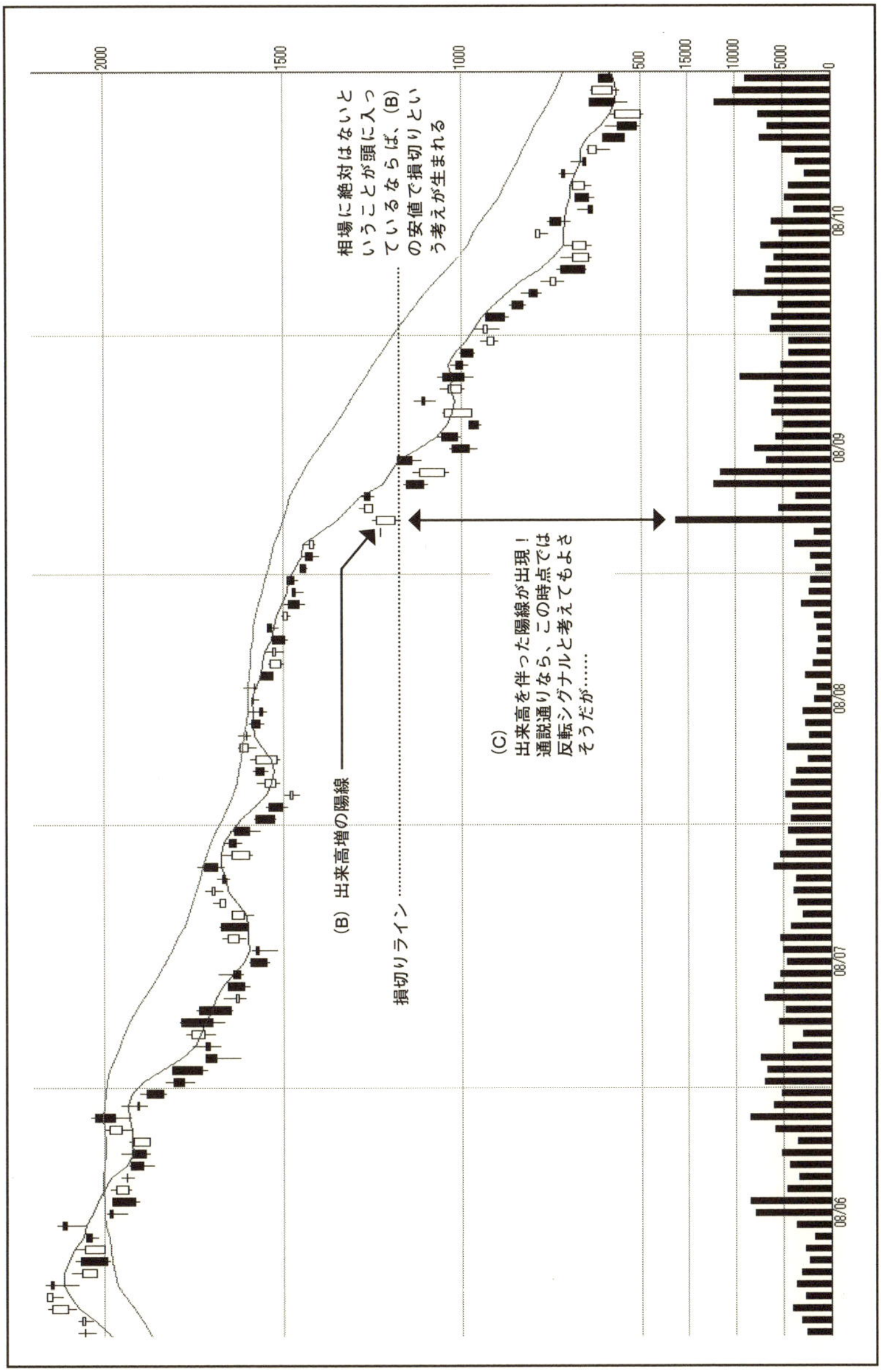
2000
1500
1000
500
15000
10000
5000
0
08/10
08/09
08/08
08/07
08/06
相場に絶対はないということが頭に入っているならば、(B)の安値で損切りという考えが生まれる
(C)
出来高を伴った陽線が出現！通説通りなら、この時点では反転シグナルと考えてもよさそうだが……
(B) 出来高増の陽線
損切りライン

はずれ、株価が反対方向に向かう場合には、損切りがしにくくなるからです。

「この展開は絶対に上がるはずだ」と思っていると、今は「たまたま株価が下げてきたけど、近いうちに反転するだろう」などと、自分に都合の良いように解釈をはじめてしまいます。これは、一ノ谷の合戦で「山側から敵は来ない」、また屋島の戦いで「敵は渡海して来ず、背後からも敵は来ない」と、平家が決めつけていたのと同じです。**戦もトレードも「ひょっとしたら」という考えを常に持つことが極めて大切**です。

一ノ谷の合戦も、「まさか山から敵が来ることはないと思うけど、念のために警戒の兵士を少しは置いておこう」となれば、大敗はなかったかもしれません。この日本電気硝子のケースでも、上がるとは思うけど、ひょっとしたら下落することがあるかもしれないと考えておくことが大切です。チャートの日本電気硝子は、その後、２営業日は上昇していたものの、３営業日後には１２００円を大きく割り、１０月末には６００円をも割って下落していきました。

さらに、一ノ谷の合戦では、「念のために山側に警戒の兵士を少しは置いておき、万一、本当に敵が攻めて来たら、こういう撃退方法でいこう」と、**対処方法まで考えておけば完璧**でした。日本電気硝子のケースでは、「ないとは思うけど、万が一、９月５日の最安値１１７２円を割ったら、必ず撤退（損切り）しよう」と考えておくだけで、損害はかなり軽減されます。

一方通行の道。普通なら、逆方向から車は来ないところですが、絶対的に「車は来ない」と思っていると、思わぬ危機に遭遇することがあります。「ひょっとしたら」「もしかしたら」という視点を常に持つように心がけましょう

相場では、「こうだろう」と決めつけをせずに、「こうだろうとは思うけど、ひょっとしたら、こういうことがあるかもしれない」と考え、さらに「ひょっとして、そうなってしまったときは、こうしよう」とまで考えておくと、トレードにおける総合的な成功は格段に上がるはずです。常に、大きな敗北を防ぐための思慮を怠らないようにすることが肝要です。

正考 seikou

相場に絶対はない。「ひょっとすると」という意識を常に持つこと。

19

過去の成功体験が逆に仇となるケースがある（経験値）

私は、投資における成功への近道のひとつは、経験値を得ることであると力説しています。これは間違いのない周知の事実です。ただ、私がこれを力説すればするほどに、逆に経験値についての注意点を書く必要が生じます。それは、とても尊い経験値が逆に仇となってしまうケースがあるからです。具体的には、過去の成功体験です。「うまくいった経験が強く記憶に残っている」と、そのことによって、痛手どころか、全資産消滅の危険性を招いてしまうおそれがあるのです。

最悪の事態を避けていただくために、あらかじめこのような落とし穴があるという点を紹介することで、十二分に注意していただきたいと思います。

それでは、貴重な財産である成功体験（経験値）が諸刃の剣にならないように、歴史からその教訓を学びたいと思います。

今回は、戦国時代の関東の覇者であった北条氏が、なぜ滅亡してしまったのかという点から考察してみたいと思います。関東の覇者であった北条氏は、天正18年（1590年）に豊臣秀吉率いる20万を超える大軍の前に、ついに降伏しました。当主であった北条氏直は高野山に蟄居、氏直の父である氏政は切腹して、事実上、100年にわたって関東に君臨した北条氏は滅亡しました。

後から考えれば、天下に王手をかけている豊臣秀吉を相手に、なぜ、北条氏は徹底抗戦をしたのかと疑問が残ります。確かに、北条氏は関東に根を張った最大版図240万石を誇る大大名でした。しかし、秀吉は天下の3分の2以上を掌中に納め、向かうところ敵なしの状況にありました。

秀吉は、最初から北条氏に大軍を差し向けたわけではなく、何度も上洛を促し、臣下になるように使者を送っています。北条氏の中でも、和平派と開戦派で激しく議論が交わされましたが、結局、開戦となってしまいました。ここで、開戦派の論拠に注目してみたいと思います。開戦派の主張理由は、いくつもありましたが、その最たる理由に過去の実績が挙げられます。

北条氏の居城は、現在でも有名な神奈川県西部にある小田原城です。当時の小田原城は、城下町から田畑までをすっぽりと土塁や堀で囲み、その外郭線は12キロにも及ぶ惣構えでした。この天下の名城は、過去にも幾多の攻撃に耐えてきました。永禄4年（1561年）、上杉謙信は11万余の大軍をもって、小田原城を攻撃しました。謙信は1カ月近くも攻撃を続けましたが、小田原城の守りの前に退却しています。永禄12年（1569年）には、戦国最強と言われる武田信玄の大軍の猛攻にも耐えるなど、小田原城の堅城ぶりは、誰もが知るところになりました。

このような過去の実績があったがゆえに、開戦派が徹底抗戦を主張したのです。なお、秀吉の大軍が小田原に迫ったときの北条氏の作戦は、籠城して、秀吉の兵站線（兵糧の運搬など）が切れたときに逆襲に転じるという実に簡単なものでした。しかし、秀吉の過去の戦いを知っているのなら、そんなに甘い相手ではないことはすぐにわかります。秀吉は、過去の戦いにおいて、籠城する城を兵糧攻めにして、幾多もの勝利を収めてきました。秀吉が戦いの最中に兵站戦を切らせるということは、過去の戦いからは考えられないことでした。事実、秀吉が小田原城を包囲している最中に、上方からは続々と兵糧が送られてきて、秀吉の軍勢は兵糧の心配など、微塵もしていなかったと伝えられています。結局、包囲された小田原城は、徹底抗戦か降伏かで連日会議を開き、「小田原評定」という成語（いつになっても決まらない会議や相談の意）まで生んで、最後は降伏。このとき、北条氏は事実上、滅亡しました。

北条氏が秀吉に徹底抗戦したのには、いろいろな思惑や計算があったのは確かですが、開戦を決意させた最たる理由は、過去2回の成功例があったためです。過去2回の成功例は、戦国の雄である上杉謙信と武田信玄の猛攻から城を守った、とても素晴らしい成功例でした。しかし、いつも同じ成功が約束されているわけではありません。謙信や信玄のときとは違うということを、きちんと情報を精査して判断できていれば、秀吉に降伏することで大きな領土を安堵されたかもしれません。

これは相場でもよく起きる事象です。この北条氏の教訓を基に相場を見てみましょう。

最初は、２００６年３月～８月のシャープ（６７５３）の日足チャートです（１４７ページ参照）。２００６年４月には２０００円以上であった株価が、５月中旬から下落をはじめて６月１４日には、出来高急増と下ヒゲを伴って、１５７１円の安値をつけました。これは、基本的には、相場の反転サインになります。仮に、この１６００円あたりで買いを入れて、上昇してきた１８００円で売却すると２００円の利益となる成功例です。

次は、２００７年１２月～２００８年３月のコカ・コーラセントラルジャパン（２５８０）の日足チャートです（１４８ページ参照）。２００７年１２月に１７５０円ほどあった株価は、２００７年末から下落をはじめて、２００８年１月２２日には、こちらも出来高急増と下ヒゲを伴って、１３８０円の安値をつけました。シャープのときと同様、反転の可能性があるサインになります。仮に、１４３０円あたりで買いを入れて、上昇してきた１５５０円で売却すると１２０円の利益となる成功例です。

最後は、２００８年８月～１１月の日経平均の日足チャートです（１４９ページ参照）。２００８年８月には１万３０００円あった日経平均は、９月からじわじわと下落を開始して１０月８日には１万円を大きく割り、安値９１５９円をつけています。出来高もここ数日、増えています。過去のシャープとコカ・コーラの成功体験を持っている場合、ここらで相場の反転を

◆シャープのチャート（2006年３月～８月）

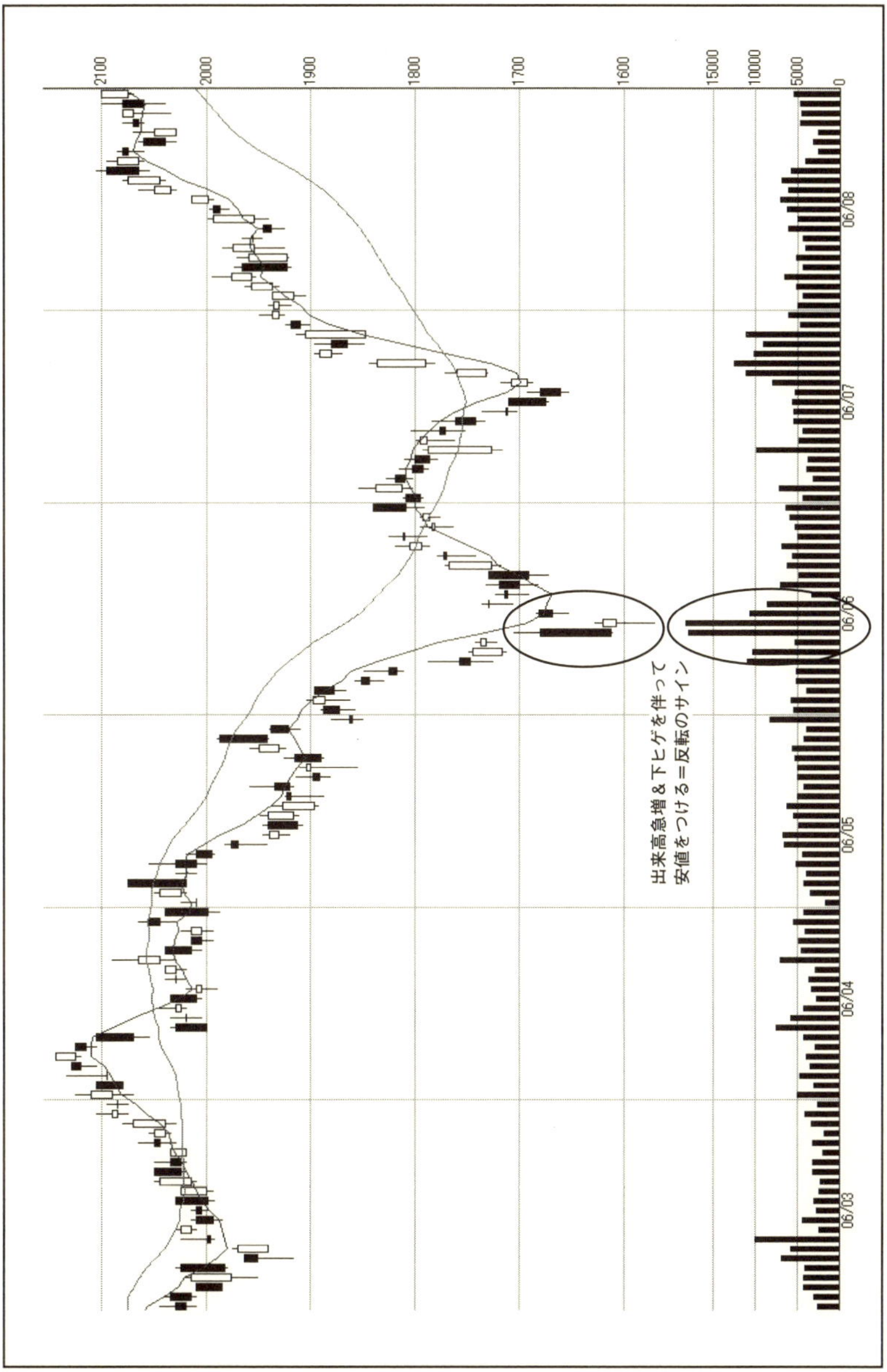

◆コカ・コーラセントラルジャパンのチャート（2007年12月～３月）

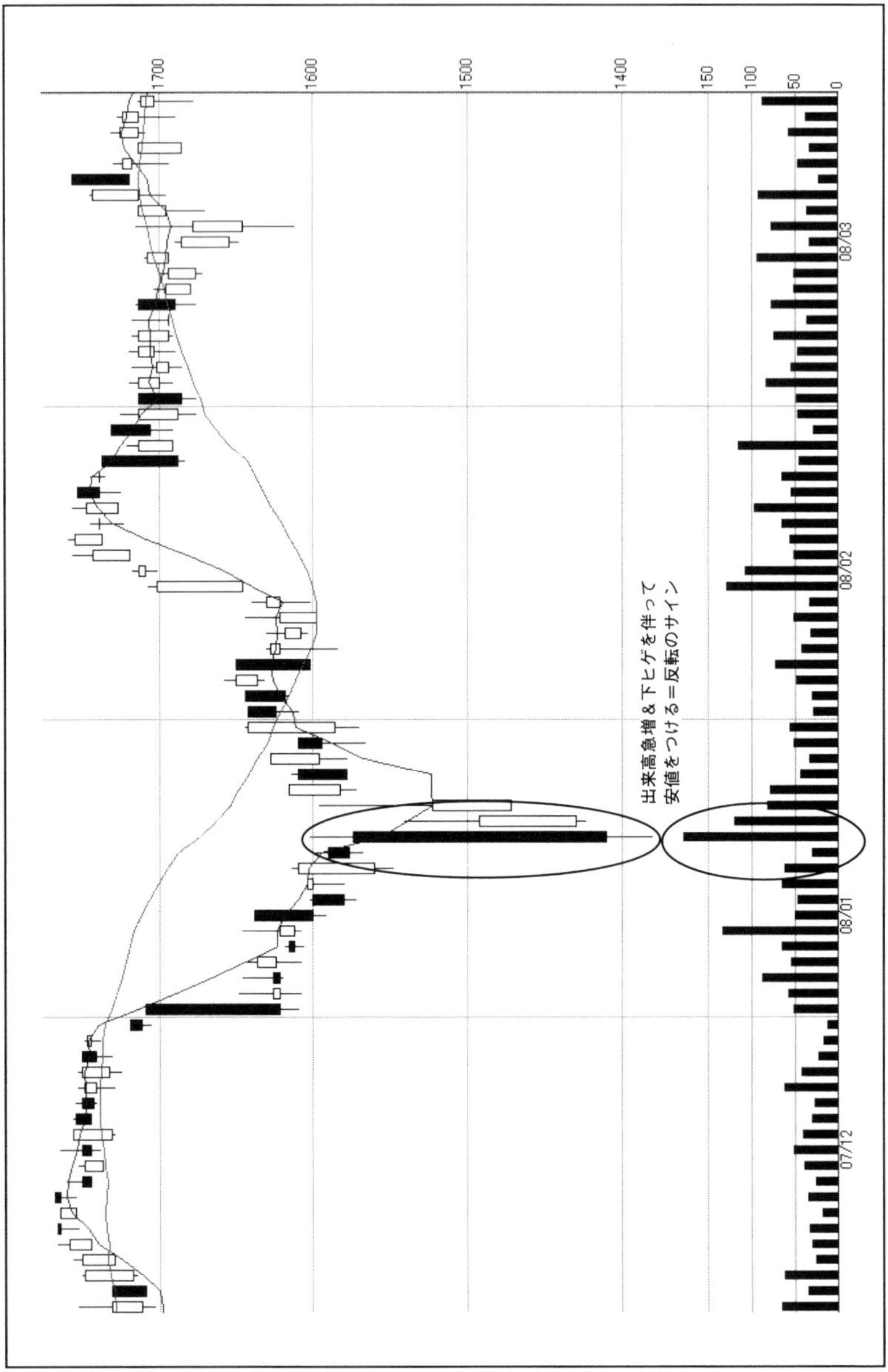

◆日経平均のチャート（2008年８月～11月）

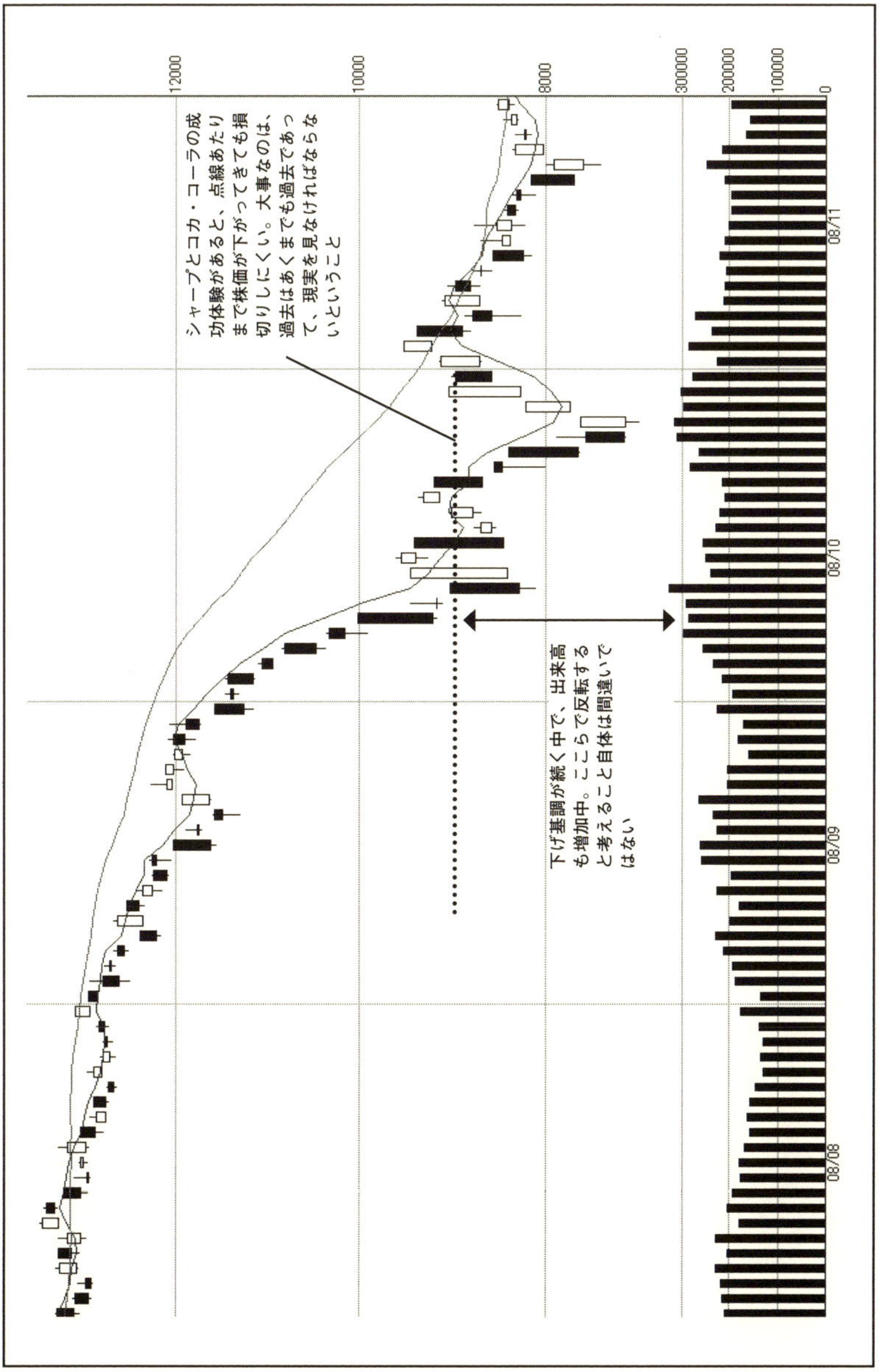
12000
10000
8000
300000
200000
100000
0
08/08
08/09
08/10
08/11
シャープとコカ・コーラの成
功体験があると、点線あたり
まで株価が下がってきても損
切りしにくい。大事なのは、
過去はあくまでも過去であっ
て、現実を見なければならな
いということ
下げ基調が続く中で、出来高
も増加中。ここらで反転する
と考えること自体は間違いで
はない

考えて買いに向かう可能性が高くなります。事実、この日に相場の反転を考えて、逆張り買いを行った方がかなりいました。当たり前ですが、この時点では決して悪い行動ではありません。翌日の10月9日、いざ反転上昇すると考えていましたが、少し上昇した後、再び下落して上ヒゲをつけて終了しました。出来高は10月8日と同じくらいあります。

さらに翌日の10月10日、日経平均は再び下落すると下げ足を早めて、一時、安値8115円まで下落しました。その後、株価はいったん9600円ほどまで上昇してきますが、10月28日には、安値6994円まで落ちていきました。

過去の成功体験（経験値）を意識しすぎると、損切りができなくなる傾向があります。過去の成功体験が、自分に都合良く考えてしまう格好の材料となるのです。人はどうしても自分に都合の良いように考えたくなるものです。前述の例では、10月8日に逆張りの買いを入れて、その後、さらに日経平均が落ちてきても、シャープやコカ・コーラのように「また日経平均は反転するはずだ」と思いこみ（実は願望）、損害が拡大していく様子を見守ってしまいます。そして、直近の株価の底値あたりで、精神の限界を迎えて投げる（損切り）という行動で終わることが多くなるのです。

これは、北条氏と同じく、過去に成功体験があったがゆえに起きる失敗です。たしかに、成

過去の輝かしい成功体験ばかりを覚えていると、思わぬ落とし穴に落ちることがある。「過去の成功体験」はあくまでも過去の話。成功体験を基本とはしつつも、過去の成功体験との相違点を探して、現状に警戒心を抱かせる

功例は大切ですが、逆にその成功例が仇となって、後日、大損害を被るような事態は、絶対に避ける必要があります。今回の例では、10月8日に逆張りの買いを入れることは間違いではありません（ここではチャート外の一切の諸事情は考慮していません）。問題はその後の行動です。

逆張りの買いを入れたのは、過去の成功体験（経験値）をふまえての行動ですが、翌日10月9日の株価の動きは、過去の成功体験とは明らかに違ったものなので、ここは10月9日の後場引け近く、もしくは10月10日にギャップダウンして寄り付いた時点で、損切りするのが上策となります。過去の成功例と似た事象が生じたとき、その経験値を生かしつつも、自分の思惑と違う展開になったときは、あくまでも、過去の成功例に「似た」事象であるにすぎないということを肝に銘じておく必要があります。「似た」事象は、あくまでも似ているだけであって、過去の事象とは違うものなのです。経験値の活用と、「似た」事象であるという考えのバランスがとても大切です。

私のこのケースでの対処法を紹介します。

トレードを行う場合は、過去の経験値に照らし合わせて行うことが多いわけですから、どうしても過去の成功体験（経験値）を基にする場合が多くなります。その場合は、当然、過去の成功体験（経験値）を大切にしますが、その成功例との相違点をあえて、探してみるのです。相場では過去とまったく同じものはありえないので、多少の相違点が必ずあります。それを発見することによって、経験値による成功を意識することを基本としながらも、無意識的に多少の警戒心を生じさせます。この多少の警戒心こそが、万が一のときに自分を救ってくれるのです。2008年のリーマンショックのときに、私も途中で逆張りの買いを入れましたが、上値を強く抑えられる展開に、過去の成功体験との異質を感じ、すぐに損切りをしました。それによって救われたのです。

正考
seikou

過去の成功体験を基本としながらも今の相場は違うということを確認する。過去の成功体験と今の相場の相違点を探しておく。

20 油断すると負ける

「油断大敵」という四字熟語があります。「油断は失敗のもとであるから、大敵である」。油断して失敗を招くのを戒めた言葉だそうです。

トレードでの勝利は、場面にもよりますが、紙一重であることが多々あります。その紙一重の勝利を自分のものにするためには、失敗しそうな原因をほんの少しでも取り除くことが必要になります。そして、「油断」は取り除くべき大きなもののひとつとなります。油断しようと思ってする人はいません。いつの間にかしてしまうのです。ここでは、その「油断」について、歴史の事象と私のトレードの実例から紹介させていただきます。

天文17年（1548年）若き武田信玄が、信濃（長野県）で一大勢力を誇る小笠原氏と戦った、塩尻峠の戦いから考察してみたいと思います。当時、すでに信玄の勢力下に入っていた、長野県諏訪湖西部のある一族が、信玄に反乱を起こしました。その反乱を後ろから支えたのが、小笠原氏でした。小笠原氏は自身の軍勢と、信玄に反乱を起こした軍勢などを加え、総勢5千人で、長野県の塩尻峠に陣を張りました。

すぐに信玄も兵を集めますが、前回の合戦では違う大名との戦いで大敗北を喫し兵を失っていた関係や、各地の守りもあり、実際に集められた兵の数は2千人が精一杯でした。この小笠原氏との戦いで、再び武田軍が負けると、各地の勢力は信玄を侮り、また味方であるはずの武将も反乱する恐れが生じますから、武田家存亡を決する戦いと言っても過言ではありませんでした。

そこで信玄は、この戦いで一計を案じます。信玄の本拠地である山梨県から諏訪湖まで、急げば1日で到着する距離を、信玄はわざとゆっくりと進み、なかなか進軍させませんでした。信玄の軍勢が山梨県を進発したとの報を受けた小笠原氏は、当初、今こそ信玄を討ち果たすときと、闘志をむき出しにして、全将兵に気合を入れさせて待ち構えました。しかし、すぐに来襲するはずの信玄の軍勢は、なかなか来ません。「今こそ武田を滅ぼす」と考えていた小笠原の将兵も、最初は闘志をかき立てて集中していたものの、だんだんと気が抜けていきました。

信玄の軍勢が現れないまま8日目に至ったとき、小笠原の将兵は、もう武田軍に戦う気力はないのだろうと勝手に決めつけ、完全に気を抜いていました。それを待っていた武田軍は、頃合いを見て、騎馬隊で一気に駆け出し、小笠原軍に襲い掛かります。小笠原の将兵は、武具を着けている者が1人もいない有様で、武田軍に壊滅させられてしまいました。

この戦いでの勝敗のポイントは、小笠原軍の油断でした（小笠原側の武将の内応などの諸理由は割愛しています）。

この小笠原氏のような油断をするケースは、長く投資をしていると、必ずと言っていいほど何度か体験する事象になります。私も本書を執筆している期間中に、まさにこの小笠原氏のような油断をして一敗地にまみれました。その私の失敗例を紹介します。

２０１２年１０月３０日、日本銀行が金融政策決定会合で、追加の金融緩和策の有無を発表する日でした。日本銀行の金融政策決定会合は定期的に行われており、決定内容によっては、株価や為替が大きく変動します。特に、このときの金融政策決定会合は、事前に期待が先行していろいろな憶測が飛び交っていました。私も金融政策決定会合の発表後に、株価等が大きく動くであろうと考えていたので、事前にいろいろな準備をして、その発表を今か今かと待ち続けていたのです。

事前の準備とは、金融政策決定会合の発表後、さまざまな思惑から株価等が上下どちらかに動くと思われるので、上方向か下方向か、どちらに向かってもよいように、個別銘柄の買い注文と売り注文をワンクリックで出せるよう、パソコンの画面にセッティングしておくことでした。発表されると1秒2秒で、あっという間に株価等が動くので、これだけの準備が必要となります。

そして、過去の経験から勝率が高いやり方を駆使して、発表後の利益を狙います。そのやり方とは次のとおりです。

発表がなされると、為替や日経平均先物が上か下にグイッと動きます。ここで1回目の初動が、仮に上方向に動いたからといって、買い注文をすぐに入れてはいけません。なぜなら、初動はダマシや一部把握によるフライングぎみの動きも多いからです。そのため初動はあえて見逃します。仮に、上方向へ初動があった場合は、さらにその上を買い上がるか否かを確認します。ここで初動が上方向に向かったけれども、売りもどんどん出てきて、1秒ほど上下にもみ合う場合があります。そうなると2回目の動きが現れます。さらに上方向に行くのか、もしくは今度は下方向に行くのか。その2回目の方向に合わせて私も注文を出します。初動から、短いと2~3秒の間にこれらをすべて判断します。さらに、自分の方向の予測が決まり注文を出したあとに、再び日経平均先物がもみ合いとなったら、すぐに損切りをするということも忘れてはいけません。2回目の動きが絶対に正しいということはなく、当然、予測がはずれる場合もあるからです。そのために、最初の注文を出した後、すぐに反対売買の注文（損切り）がワンクリックで出せるように、また準備します。このケースでの私のやり方は、瞬間的に利益を狙うやり方なので、当然、瞬間的に損失となることもあるという点を十二分に考慮します。それだけの準備をして、いつ発表があってもよいようにパソコンの画面を監視し続けます。

通常の日本銀行の金融政策決定会合での決定事項は、お昼すぎから13時くらいに発表されることが多いのですが、このときの金融政策決定会合は議論が長引き、なかなか発表されませんでした。そして、14時30分を回っても、日本銀行から発表されないので、今日の金融政策決定会合の発表は、相場が開いている時間にはないのかな？　と勝手な想像まではじめてしまいました。すると14時46分、突然、為替が大きく動き出します。さらに日経平均先物なども動き出しました。初動は上方向にグイッと動きました。あわてて目を見開いて、その動きを凝視します。すると、上方向に向かった日経平均先物は、すぐに上下にもみ合います。私は過去の経験から、そのもみ合いを見て、これは下方向に向かうと判断しました。判断すると同時に、準備してあった不動産銘柄に空売り注文（株価が下落すると利益となる方法）を出します。私は過去にこのような取引を何度もやっているため、かなりの経験値があり、判断して行動に移すまでの時間はかなり早い方であると自負しています。

　すると、日経平均先物は、私の思惑通り、下方向に反転しました。時を移さずに不動産銘柄も下落を開始します。私の空売り注文はこれで利益になるはずでした。ところが、すぐに私の注文が買い注文であったこ

油断し過ぎていると、普段はしないような「思わぬミス」が起きやすい

とに気がつきました。そうです。売り注文と買い注文を間違えて発注をしてしまったのです。すでに含み損が20万円ほどになっておりましたので、私はあわてて、今のその状況の対処を考えましたが、すぐに行動に移せません。すると、株価はさらに下落しはじめます。結局、最後は株価などを考えずに損切りをして終了させました。損失の数字を見ると34万4000円です。せっかく自分の思惑通りの展開になったのに、誤発注をしてしまったため、大きな損失となりました。

このときの私の悔しさは想像に難くないと思います。直後は悔しさでいっぱいでしたが、すべては自分でやったことです。ここは冷静に反省しなければいけません。誤発注は、長年、投資をやっていると起き得ることです。しかし、ここでの私の誤発注は自ら招いたものなので、通常の誤発注と同列に考えることはできません。

このケースでの誤発注の原因は「油断」です。金融政策決定会合の発表を、最初は緊張を持って待っていましたが、14時を過ぎる頃からだんだん気が抜けてしまっていて、明らかに〝すき〟がありました。このケースの取引をする場合、買い注文と売り注文を間違えることは致命傷になるため、事前準備の段階で、売り注文と買い注文のクリックをする画面上の場所を何度も確認して、間違えないように十二分に注意を払います。それが時間とともに消えて、さらに緊張感をなくし、結果、あわてて状況を把握して注文を出したことがすべての原因です。私は戦国時代の小笠原氏と同じ失敗をしたのです。そして、戦国期でもトレードでも、失敗をした者には容赦のない結果が待っています。

油断による失敗は100％防げるものではないかもしれませんが、ある程度までは防ごうと思えば防げるはずです。なぜなら、相場が膠着状態となっているときなどに、「自分が油断している」と気づけるときがあるからです。ということは、今、自分が油断しているか否か、確認できる機会を作ればよいのです。そこで、私はこの失敗以来、「今、油断していないか?」と書いた紙をパソコンのモニターの下に貼るようにしました。これで集中力が切れて、**油断しているか否かを確認する機会を設ける**ことができるようになりました。

集中力が切れて、油断が芽生えていたら、一度、席をはずして気持ちを入れ換え、再び、集中できる態勢を取ってからトレードに臨むべきです。集中力がどうしても戻らないときは、あえてトレードはやらないようにしましょう。集中力が切れたトレードで勝利しても、それは偶然によるところが大きいと考えられるためです。

正考
seikou

油断すると負ける。
継続的に油断しにくい環境を自分で作る。

21

忘れられない栄光の弊害

人には、物事を考えるときに、ある基準を設けることがよくあります。その基準を基に、何かの考えを行動に移すわけですが、仮に結果は同じでも、その基準が元々どこにあったかによって、結果に対する評価は天と地ほど違います。歴史にもこれが当てはまる場面があります。日本史では、賤ヶ岳の戦いのケースがこれに当たりますが、今回は中国史からその事例を紹介したいと思います。本書で何度も紹介している、孫子の兵法を記した孫武（そんぶ）に関わる事象から考察します。

紀元前512年、呉（ご）の国の大将軍に抜擢された孫武はその能力を最大限に発揮していきます。呉の国の隣に、楚（そ）という強大な国がありました。諸事情から、呉の国は3万の兵を率いて楚の国に攻め入ります。楚は強大な国なので、すぐに迎撃の兵20万が応戦に出てきました。呉の大将軍である孫武は、3万の兵を変幻自在に操ると、迎撃に出てきた楚の兵20万を完全に圧倒します。孫武は神の如き采配によって、瞬く間に楚軍を打ち破ると、5戦して5勝、10日のうちに楚の都を陥落させてしまいました。

孫武が率いるこの呉軍の圧勝によって、呉の王様は得意満面で楚の都に入城しました。楚の都の宮殿は、呉の国とは比べものにならないくらい絢爛豪華であり、他の周辺諸国からは、次々にお祝いの使者が訪れ、呉の王様のご機嫌を伺いました。まさに、呉の王様は得意の絶頂にいたのです。

さて、呉の王様と孫武が率いる呉軍が楚の都に駐屯して数カ月が経った頃、孫武は呉の王様に、楚の都からの撤退を進言します。当時、楚の都を陥落させたとはいえ、楚の国は強大でしたから、いつ、その残党が決起するかもしれない状況にありました。同時に、他の周辺諸国の動向も気になる状況にありました。しかし、呉の王様は再三にわたる孫武の進言を聞き入れませんでした。当初、謙虚であり、名君と言われていた呉の王様も、楚の都の宮殿、また、さらには天下の名声を手放すのが惜しくなってしまったのです。

その後、孫武の懸念が現実のものとなります。楚の隣国、秦（しん）の国が、呉軍を討伐するため、大軍を楚の都に派兵してきたのです。秦の援軍がやってくると、楚の国の残党も決起します。瞬く間に、呉軍討伐の連合軍の数は数万人に膨れ上がりました。これを知った呉の王様は、慌てて楚の都から撤退しはじめます。呉軍の旗色が悪くなったのを知ると、今度は、呉の国元で反乱が起きます。かねてから不満を抱いていた呉の王様の弟が、反乱を起こしたのです。呉の王様は、楚の都から撤退して呉の国境まで戻ってきましたが、呉の国元は反乱軍が制圧しているため入れません。後ろからは、楚と秦の連合軍数万が今までの恨みを晴らすべく、猛然と追いかけてきます。進むことも退くこともできなくなった軍からは、兵が逃亡していきます。少し前までは、楚の国の宝を手に入れ、絢爛豪華な宮殿、天下の名声をほしいままにしていた呉の王様ですが、もはや滅亡寸前の事態になってしまいました。

こうした事態はトレードでもよくあることです。では、具体的に相場を見てみましょう。

次ページは、住友金属鉱山（5713）の2012年3月～7月の日足チャートです。

3月27日に出来高が急増して、上ヒゲをつけてはいますが、長めの陽線が出現しています。これは、住友金属鉱山が85％を出資しているアメリカ合衆国アラスカ州のポゴ金鉱山で、新たな鉱床が発見され、それに伴い、その埋蔵金量が40トンが見込めると発表されたことによる動きです。この発表を受けて株価が急騰しました。仮にこの情報を受けて1200円で株を購入したとします。

当日は高値1270円まで上昇して、その含み益は一時70円となります。増加率にすると5・8％にもなります。その日、株価は下落していきましたが、それでも終値で1231円となり、含み益はまだ31円もありました。しかし、翌日、株価は下落し、さらにその翌日には買値の1200円まで割ってしまいました。この状況に至っても、含み益が一時70円も出て

◆住友金属鉱山のチャート（2012年３月～７月）

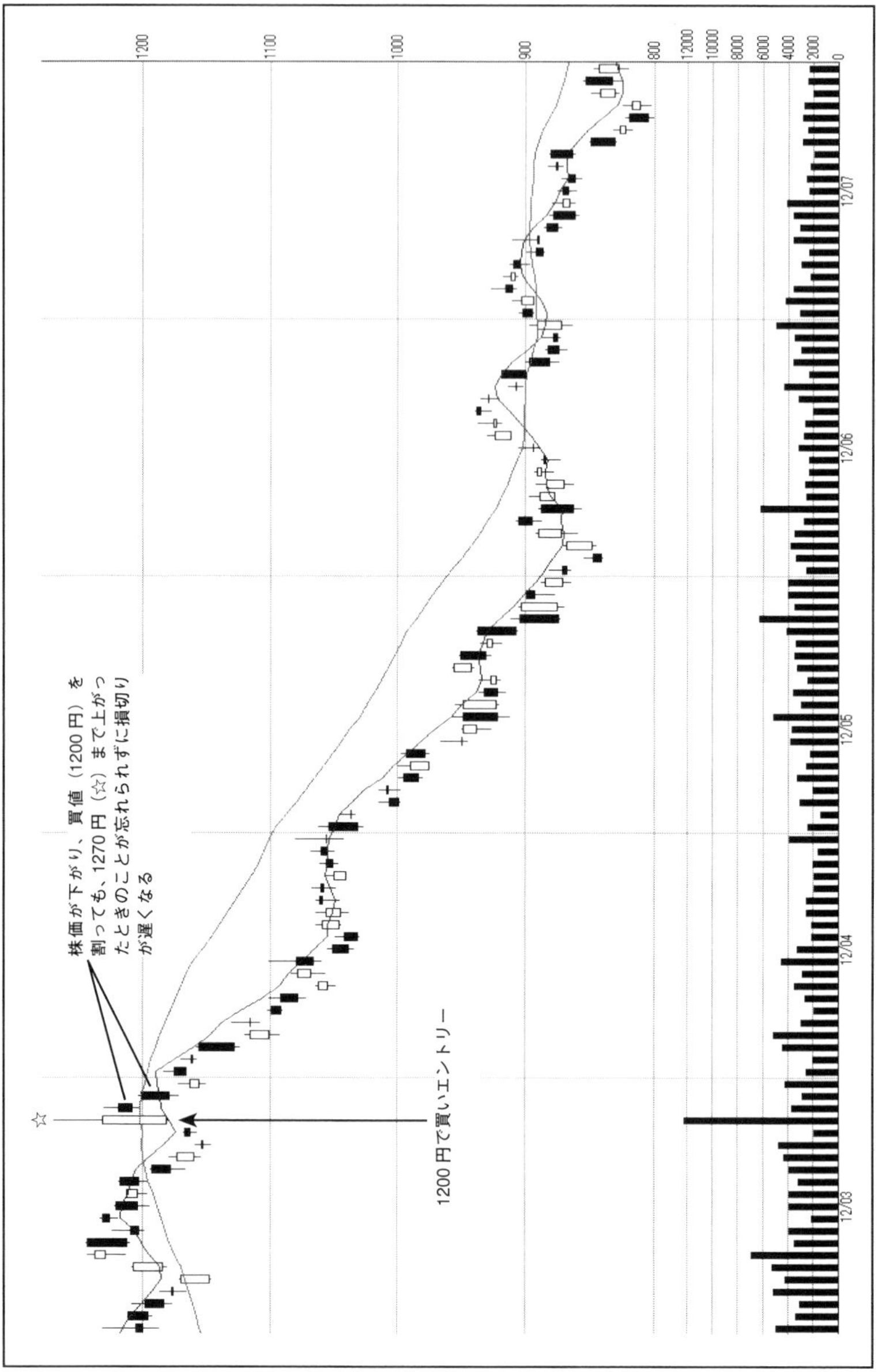

いたときのことを考えると、「また元に戻るのではないか」と自分に都合の良いように考えたくなります。この住友金属鉱山の例では、株をそのまま持っていると、7月下旬にはついに800円近くまで下落してしまうことになります。

人は含み益から含み損に変わると、すぐに現実を受け入れることが難しくなります。そして、現実を受け入れられないので、そのままにしていると、さらに含み損が膨らみ、マイナスも大きくなり、挙げ句の果てには、現実逃避で塩漬け（含み損を抱えながら所持している株）にしておこうなどと考えてしまいます。

なお、今回の住友金属鉱山の例では、含み益の期間は短いのですが、含み益の期間が長ければ長いほど、撤退しにくくなります。なぜなら、このトレードは利益になるという思考が、期間を経ることによって、定着してきてしまうためです。この点も確認しておきましょう。

呉の王様の例と、住友金属鉱山の例の重要ポイントは、「最初は成功から始まっている点」です。その最初の成功で良い目を見たことが忘れられなくなり、「それを基準」として考えてしまうために、通常時よりも、撤退（損切り）がしにくくなるのです。最悪の場合、呉の王様のように滅亡寸前（破産寸前）にまで至ることも少なくないので、この点は十二分に注意をする必要があります。

さて、滅亡寸前となった呉の王様と孫武たちは、その後どうなったのでしょうか。脱走兵により少なくなった呉軍ですが、孫武が2千人の兵を引き連れて、追いかけてきた楚と秦の連合軍数万を見事に打ち破ります。楚と秦の連合軍を撃退した孫武は、今度は反乱を起こした呉の国元に攻め入ります。難攻不落の呉の城でしたが、ついに孫武の前に落とされて、反乱軍も鎮圧されました。これは、歴史的には極めて稀な事象であり、神のごとき孫武が指揮を執ったゆえに呉の王様は救われたのです。

今一度確認しておきたい点は、この

過去に美人（美男）と付き合った経験がある場合、それを基準にしてしまうと、なかなか次の恋愛に踏み出せないことがある。過去の栄光は、それが強烈であればあるほど、大きな弊害となることがある

事象で呉の王様だけが愚かなのではなく、生身の人間なら、誰でも陥ることがあるという点です。なお、呉の王様は春秋五覇（天下人に近い）のひとりに数えられるほどの優れた人物でした。このことを投資の話に置き換えるならば、極めて優れた投資家であっても、「過去の栄光」という落とし穴には〝はまりやすい〟ということが言えると思います。含み益から含み損に転落すると、通常時よりも撤退（損切り）がしにくくなるという人間心理をあらかじめ理解しておくことが大切です。

正考
seikou

過去の含み益を基準にして判断してはいけない。成功から始まると撤退（損切り）がしにくいという人間心理が働くことを知っておく。

22 勝ちへの執着の弊害

いろいろな目的や夢を抱いて投資をされる方が多いと思いますが、その時々によって、本来の目的とは違ういろいろな事情が入り込んでくることもあるかと思います。例えば、ある買い物をする予定があるので、今月だけは負けられないとか、生活費を稼がなくてはいけないなど、人によってさまざまな事情があるのではないでしょうか。

しかし、当たり前ですが、それらの事情はあくまでも個別の事情であって、相場の動きには何の関係もありません。そして、それらの個別の事情は、投資を行ううえで、むしろ大きなマイナスの要因になります。**「現実の相場の状況」に対して、ここでは負けられないなどの「個別の強い思い」が優先されると、確率上、悪い結果が出る可能性が高くなります。**これは歴史上においても、多くの偉人が失敗した代表的なものになりますので、歴史から学びたいと思います。

今回の歴史は、２１話からの続きとなります。また孫子の兵法を記した孫武（そんぶ）に関わる事象から考察してみたいと思います。

一度、楚（そ）の国の都を陥落させた孫武と呉の王様ですが、２１話の通り楚の都から撤退せざるを得ませんでした。呉（ご）の王様は、自分の国である呉に帰った後も、楚の国の宮殿での豊かな暮らしが忘れられませんでした。呉の国が再び、楚の国や他国に進攻するためには、国力を充実させ、兵を養い、武器を充実させて、兵糧も蓄えなければなりません。そのためには、莫大なお金がかかります。呉の王様は、それらをわかってはいながらも、楚での生活を思い出し、呉の国に立派な宮殿の建設をはじめます。その費用は莫大なもので、孫武や他の参謀も止めますが、聞き入れませんでした。宮殿を建設しはじめると、さらに豪華な宮殿を建てたくなるものです。呉の王様も例外ではありませんでした。事実、当初の建設予定費用を大きく超えていきます。このため、兵士の給金が滞ったり、武器が劣悪なものとなったり、本来、国家に必要なものにお金がかけられなくなっていきました。

そんなときに、隣国の越（えつ）で王様が亡くなりました。これを聞いた呉の王様は、「この機会を逃してはならぬ」と越の国に攻め入ることを決定します。孫武は、激しくこれを諌めました。なぜなら、兵士にもやる気はなく、また、剣などの武具も劣悪で、勝てる見込みがなかったからです。呉の王様は、越への進攻を激しく諌める孫武に激怒して、国元に残るように命じます。孫武は、苦渋に充ちあふれながらも、呉の軍勢が越に出陣していく姿を見送るしかありませんでした。

呉の王様は、国元に宮殿を建てたことなどからもわかるとおり、楚の国で味わったような豪華な暮らしをもう一度したいと強く願っていました。しかし、そのためには、より多くの領地からの収入を必要とします。「さて、どうしたものか」。そんな思いを抱いているところに飛び込んできたのが「越の王様が亡くなった」という知らせでした。隣国の越の国は、呉の国に比べれば小国です。さらに越の王様が亡くなったとなれば、越との戦いでの勝利は間違いなく、越の国の領地が簡単に手に入るのではないか。このように呉の王様は考えたのです。

しかし、越の国には優秀な参謀が何人もいました。その参謀たちは、一計を仕掛けます。越の国で犯罪を犯した死刑囚を、呉の軍勢の前で、自決させるということを何回も繰り返させて、呉の軍勢を油断させ、何度も撃退します。そして、ある日の戦いでは、今度は越軍は呉軍に敗れて逃げていきます。呉の王様は、今こそ越軍を滅ぼすときだと、猛然と追いかけました。しかし、追いかけた先に待っていたのは、越軍の伏兵でした。越軍の伏兵から一斉に矢を浴びせられると、ついに呉の王様は、その矢によって討ち死にしてしまったのです。この呉の王様は、21話でも述べた通り、春秋五覇のひとりに数えられるほどの人物でした。なぜ、そのような王様が小国の越の国で打ち取られてしまったのでしょうか？

この話にはトレードにも共通する要素が含まれています。では、具体的に相場を見てみましょう。

次ページは、日成ビルド工業（1916）の2012年1月～6月の日足チャートです。

◆日成ビルド工業のチャート（2012年１月～６月）

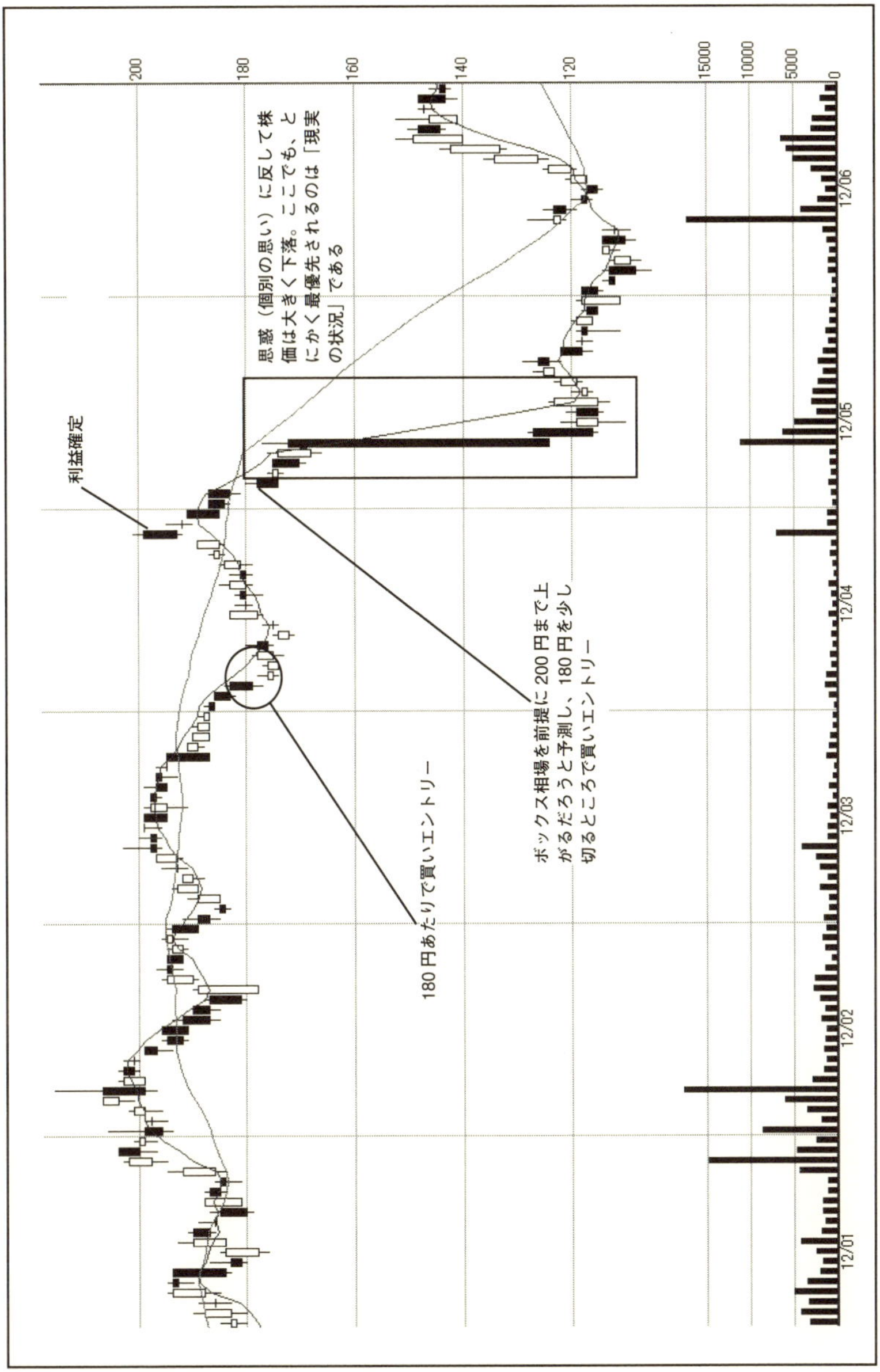
利益確定
思惑（個別の思い）に反して株価は大きく下落。ここでも、とにかく最優先されるのは「現実の状況」である
ボックス相場を前提に200円まで上がるだろうと予測し、180円を少し切るところで買いエントリー
180円あたりで買いエントリー
200
180
160
140
120
15000
10000
5000
0
12/01
12/02
12/03
12/04
12/05
12/06

2012年の年初から、おおよそ180円から200円近辺を行き来しています。ここで、BOX相場を想定して、180円あたりで買い、200円近くで売るトレードを行えば、利益になりそうだと考えたとします。4月上旬に180円あたりで買ったとすると、下旬には、一旦、200円まで到達したので、その手前あたりで利益確定をします。およそ20円ほどの利益を得て、これで味を占めました。再び5月上旬に180円を少し切るくらいまで下がってきたので、ここで再び購入したとします。もう、BOX相場で手堅く利益になると思い込んでいます。すると株価は徐々に切り下がり、5月11日には大陰線を引いて暴落してしまいました。180円あたりで購入した株は、さらに下落して120円も割ってしまいました。実に購入株価の3分の1もの損失です。

これは、BOX相場を意識して、勝つことが前提（勝つことに執着）になってしまったために、途中で株価が下がってきても、損切りすることができなくなってしまった例です。何かの理由で「個別の強い思い」が、「現実の状況」に勝ってしまうと、以上のような傾向になることが多くなります。

呉の王様もそうでした。越との戦いにおいて、孫武が指摘したように勝てる算段ができないというのは、「現実の状況が不利」ということです。対して、王様が越を征服して領土や金、また名声を早く手に入れたいというのは、「個別の強い思い」です。王様は、「現実の状況が不利」にもかかわらず、「個別の強い思い」を優先して出陣しました。そして、個別の思いがなかなかうまくいかず、いつしかあせりが生じて、無謀な行動を取ってしまったのです。呉の王様の場合は、その1回の無謀な行動によって、命を落とすことになってしまいました。呉の王様が敗れた決定的な理由は「勝つことに執着しすぎた」からです。

戦争でもトレードでも同じです。勝つことに執着しすぎると、本来の正しい判断ができなくなります。これは本章24話で後述する孫子の兵法「将の五危」の一番目「必死は殺され」に当てはまる事由なので、覚えておくことをお勧

個別の強い思いが現実の状況に勝っていないか。たえず確認するようにしてください

めします。

呉の王様が勝つことに執着しすぎてしまった理由として、楚の国での豪華な暮らしも挙げられます。トレードで勝ったときに、自分にご褒美をあげる方も多いと思います。しかし、分（ぶん）を超えたご褒美は悪い結果を及ぼす場合があります。勝ちへの執着につながってしまう恐れがあります。

トレードをしていて、勝ちを意識しすぎてしまう場面はありませんか？　勝ったらうれしいけど、大負けはしないぞというくらいが丁度よいと思います。そう考えることによって、負けるときに、上手な負け方ができます。上手な負け方をする人こそが、最強の投資家なのです。

正考
seikou

「個別の強い思い」と「現実の状況」を比較して前者が勝っていないかを確認する。

23

小事と大事の優劣を確認する

物事には優先順位というものがあります。その優先順位の代表的なものに、小事と大事の関係があります。人は、頭ではわかっていても、つい小事を優先させて大事を後回しにしてしまうことがあります。たしかに小事によっても利益をもたらすことはできますが、優先順位を誤ると、小事で得られた何倍もの利益を大事で逃すことになります。これは歴史上でもよく起きた事由になるので、また歴史から教訓を得たいと思います。

今回は、豊臣秀吉公と徳川家康公が戦った小牧長久手の合戦から考察してみたいと思います。天正12年（1584年）家康は、秀吉に宣戦布告した信長の遺児である織田信雄を助けるため、将兵を率いて愛知県北部に向かいました。それを知った秀吉は大阪から大軍を発し、やはり愛知県北部に向かいます。両軍は、家康3万5千、秀吉8万余りの軍勢で愛知県小牧市近辺で対峙しました。

両軍はしばらくの間、にらみ合いを続けていましたが、秀吉は、留守になっている家康の本拠地の三河（愛知県東部）に奇襲部隊を送ることを決めます。家康が三河から多くの兵士を引き連れて小牧まで出てきているので、留守の三河を奪取すれば、家康の軍勢は本拠地を失い、壊滅するのは明らかでした。秀吉は、その奇襲部隊の先鋒に池田恒興（いけだつねおき）の部隊、さらに3部隊がつらなる総勢2万人の大部隊を、夜半、密かに三河に向かわせました。

秀吉の奇襲部隊は順調に三河を目指しましたが、家康は途中で、秀吉の奇襲部隊の動きを察知しました。驚いた家康は、すぐに自身も兵を引き連れ、その奇襲部隊を追いかけます。秀吉の奇襲部隊は、三河を目指してかなり先まで進んでいましたが、途中で家康の支城である岩崎城（愛知県日進市）の近くを通りかかります。この岩崎城の守備兵は200名たらずで、秀吉の奇襲部隊2万人からすると、ほぼ気にしなくてもよい城といえるかと思います。

しかし、ここで奇襲部隊の先鋒池田恒興がこの城に攻撃を仕掛けました。本来、奇襲部隊というものには、隠密かつ迅速な行動が要求されますから、それに反する行動といえます。激闘はおよそ2時間。岩崎城の城兵は全滅して果てましたが、この2時間という時間が、家康の勝機を招き寄せることとなります。

追いかけてきた家康は、ついに秀吉の奇襲部隊に追いつきました。家康は、すぐに有利な陣形を組むと、秀吉の奇襲部隊に襲いかかります。家康の不意の襲撃に、秀吉の奇襲部隊は隊を整える暇もなく、大混乱に陥り、ついに先鋒の池田恒興をはじめ、多くの将兵が討たれました。結局、この小牧長久手の戦いは、家康の大勝利で終わりました。江戸時代後期の歴史家である頼山陽（らいさんよう）は、家康が天下を取ったのは、大坂（夏の陣）でもなく、関ヶ原でもなく、この小牧長久手の戦いにあると評しました。この合戦のポイントは、大事をなすために行動しているのに、小事に携わって敗北をしている点です。大事は三河攻略であり、小事が岩崎城攻略です。

投資においても、小事と大事の優劣が逆転してしまう場合があります。中でも、私が最も多く経験したケースは、証券売買手数料（小事）のことを考えて、トレードの仕掛けや撤退（大事）を失敗したことです。

私の失敗例を紹介します。

今まさにある銘柄を買うチャンスが出現しました。そのときに私のトレードの発注画面は現物取引になっていました。現物取引よりも信用取引のほうが売買手数料が安いのが一般的です。私は、より売買手数料が安い信用取引で売買をするために、現物取引の画面を信用取引の画面に変えてからその銘柄を買おうとしました。すると、そのわずかな間に株価がぐいぐいと上がっていき、「今まさに」と思ったときの株価よりも、かなり上昇してしまったのです。私が「今まさに」チャンスだと考えたということは、他の人たちも同じように考えているのです。ということは、私が売買手数料の節約を考えている間に、他の人たちにどんどん買われてしまったとしても不思議ではないのです。これは、売買手数料（小事）を気にして、株価（大事）が上昇してしまい、結局、手数料の何倍も高くなった株を購入することになってしまったという結果です。

確かに、売買手数料は、トレードをするうえでの必要経費であり、その経費を節約するということはとても大切なことだと思います。しかし、その手数料を気にするあまり、本来のトレード自体の損益を逆転させては本末転倒となります。これは、損切りをする場合でも同じです。いち早く撤退（損切り）をする場面では、売買手数料などを気にしていると、とんでもない急落に巻き込まれるケースがあります。一般的に、株価は上昇するときのスピードよりも下落するときのスピードのほうが早いことが多いので、買いのポジションをいち早く撤退（損切り）する場合は特に注意が必要です。

エントリーチャンスや素早い損切りを必要とするケースでは、売買手数料（小事）のことはあまり気にせずに、そのトレード自体（大事）に集中することが、より良い結果を生みます。

ただし、急いで株を買わなくてもよい場面や、長期的な視点で投資を考えているときなどは、経費である売買手数料を節約することも大切であるため、その場面においては小事と大事の優劣の話ではなくなります。

この小事と大事の関係は、トレードにおける売買手数料以外にも多々当てはまります。私が過去にいただいた質問の中で多かったものに、次の3点が挙げられます。それは、「投資環境を整える視点」や「教育」「有料情報」です。

投資では、より多くの情報が得られると、一般的に有利になります。投資を行うにあたり、ＰＣを使用する方が圧倒的ですが、そのモニターは1台よりも複数台あったほうが、よりよい投資情報を得られ

今、あなたがしていること（もしくは、しようとしていること）は大事か、小事か。天秤にかける癖をつけましょう

る場合が少なくありません。その場合、モニター設置にかかる費用は小事であり、よりよい投資情報が大事となります。もちろん、投資の方法によってはモニターを複数台必要としない場合もあるため、その場合にはこれは当てはまりませんが、勝率が少しでも上がるのであれば、優先するべき重要な大事ということになります。現在は、モニターもかなり安くなりました。投資での勝率が上がるのならば、モニター代などはとても安いものです。ちなみに、私のモニターの台数は10台になります。

次に投資の教育です。意味のないセミナーなどは論外ですが、世の中にはとても内容の濃いセミナーもあります。仮に、そのセミナー代が10万円した（小事）としても、それ以上に投資で得られるもの（大事）があれば、小事と大事の優劣を貫徹していることになります。私は過去に数えきれないくらいのセミナーに通いました。結果的に、十分に大事を選択できたと思います。もちろん、やみくもにセミナーを勧めているわけではありません。きちんとセミナーの内容を吟味することが大切です。

最後に有料情報です。株式投資において、『会社四季報』を使っている方も多いと思いますが、使い方や効果がわからないから使用しないという方はいても、（効果は知っているけど）『会社四季報』を買うお金がもったいないから使わないという方は、あまりいないと思います。なぜなら、使い方を知っていれば、その代金（小事）よりも『会社四季報』の情報（大事）のほうが圧倒的に価値が高いからです。『会社四季報』以外にも、世の中にはさまざまな有料情報があります。私も代金（小事）よりも情報の価値が高い（大事）と思われるものは利用しています。もちろん、いくら価値がある情報であっても、情報過多である場合は、その効果は逆に激減します。ですから、情報をよく精査して、自分に必要であり、またその情報を使いこなせることが確認できれば大事ということになります。
何かと何かが競合する場合は、大事がどちらにあるのかという点を、まず最初に確認することがとても大切です。

正考
seikou

第一に「大事」を見極めてから「小事」について判断する。この順番を崩さないこと。

24
将の五危

本書でも何度も登場した孫子の兵法にて、この章を締めくくりたいと思います。

孫子の兵法とは、紀元前の中国において、兵法家の孫武（そんぶ）が著した書で、現代においても、人間心理の書として読み継がれています。なお、現代に読まれている孫子の兵法は、孫武からおよそ700年後の有名な三国志の主人公の曹操（そうそう）が『魏武注孫子』という名前で分類して整理したもので、現代においてもわかりやすく読めるのは、ある意味、曹操のおかげです。孫子の兵法は全十三篇からなっており、今回は九変篇から「将の五危」を取り上げてみたいと思います。

トレードでお金を運用するということについて、お金を兵に見立てると、そのお金を采配するのは自分ですから、自分は将軍となります。兵（お金）を生かすも殺すも将軍の采配次第となります。ここで重要なのは、将軍の采配にほころびが生じるときの原因の多くが、孫子の兵法でいうところの「将の五危」に起因しているらしいというところです。以下に「将の五危」を紹介します。

故に、将に五危あり。

①必死は殺され、
②必生は虜（とりこ）とされ、
③忿速（ふんそく）は侮られ、
④廉潔（れんけつ）は辱（はずか）しめられ、
⑤愛民は煩（わずらわ）さる。

凡そ（およそ）、此の五つの者は、将の過ちなり、用兵の災いなり。
軍を覆し将を殺すは、必ず五危を以てす。察せざるべからざるなり。

この「将の五危」を簡単に訳すと次のようになります。

簡単に言うと、将軍には五つの落とし穴がある。

①勇猛すぎて必死に敵に向かう者は殺され

②臆病で生きることばかりを考えていると捕虜となり

③短気で激昂しやすいと、敵の挑発などに乗りやすく、軽挙に出がちであり

④名誉や面子（めんつ）を気にしすぎる将は、恥を気にして、本来の目的を忘れ

⑤同情心が強すぎて、小と大の優劣を忘れ、厳しくなれない

この五危については、多少、解釈が違う場合がありますが、だいたい以上のようなものになります。歴史上の戦いにおいて、この五危によって不覚をとった将軍は数えきれません。今回は、中国三国時代の曹操の第一の家臣にまつわる五危を紹介します。

曹操の部下に、一族の夏侯淵（かこうえん）という勇猛な将軍がいました。夏侯淵将軍の武勇は天下に鳴り響き、夏侯淵を見つけると、敵兵が逃げ出してしまうほどの将軍でした。

西暦２１９年、夏侯淵は定軍山という山の守備をしていました。攻めてくる敵方の将は、年老いた武将と文官の将です。夏侯淵から見れば、たいした敵ではありません。しかし、このとき、都にいた曹操は、夏侯淵に対して、慎重に戦えと手紙を送っています。なぜかというと、「将の五危」の①を夏侯淵に心配したからです。

この定軍山の戦いでは、曹操が心配したとおり、夏侯淵は武勇を頼りに出撃して敵将に討ち取られてしまいました。曹操は、この一族でもあり、最も頼りにしていた部下の夏侯淵の死を、涙を流して悲しんだと伝わっています。曹操がいくつか残した名言のひとつです。

「将なる者、ときに臆病であるべし。いたずらに勇猛になるべきではない」

五危の①を戒めた言葉ですが、②に矛盾するものではありません。
では、次に将の五危をトレードに当てはめてみます。

①勝とう勝とういう気持ちが強すぎて、深い考えをせずにトレードを仕掛ける
②損することを嫌がり、せっかくのチャンスでもトレードを仕掛けない
③損をしたり、自分の思惑と違う結果になると怒り出し、熱くなって一か八かの丁半ばくちのトレードなどをする
④トレードにおける損益よりも、他人からの自分の評価・名声を第一としてトレードを行う。例えば、友人やブログなどに勝ったと報告したくて、本来、やるべきではないトレードを行う
⑤小と大の優劣を考えずに、小にも力を入れて、時に大を失う。本章23話でお話ししたように、手数料を気にしすぎてそれ以上の損害を被ったり、買い値の価格にこだわり、撤退や利益確定をするべき地点でそれを行わずに、被害拡大や利益を削る

紀元前から続く、人間が失敗する事由の代表的なものになります。では、それぞれについて考えてみたいと思います。

①について。本章22話でもお話しした通り、勝ちへの執着心が強いと、トレードにおける冷静な判

断ができなくなります。前述した曹操の名言、「将なる者、ときに臆病であるべし」という戒めを十二分に念頭に置いておくべきです。

②について。投資においては明らかなるチャンスの場面があります。そのような場面においても、投資行動を行わないと、そもそも投資を行う意義自体がありません。また、そのような場面でも投資できないということは、「絶対に損をしたくない」という強い意志の表れであり、それは、投資でいう守りとは違って、そもそも投資を行うというそれ自体を、今一度、考えてみるべきことになります。

投資を行うにあたっては、損切りをするという覚悟があらかじめ必要になります。絶対に損をしたくないという意志で投資を行うと、正しい損切りなどは到底できずに、一度の失敗がそのまま致命傷（資産の大幅な減少）になってしまいます。これが、必ず生きようとする（必生）と、損をする（虜）になるということです。ゆえに、損をしたくないという強すぎる思いは、かえって投資を失敗に導くことになります。絶対に損をしたくないということと、投資において必要な損はするという考え方の明確な違いを、まず学ぶ必要があります。

③について。第1章4話では、人の感情がトレードに与える影響は想像以上に大きいこと（＝平常時と異常時の精神の差）をお話ししました。この24話では、怒りの精神状態の場面での話になります。投資を行っていると、自分の思惑が裏目裏目に出たりして、怒りを感じることが多々あります。そのときの状況や人によってその度合いには差がありますが、人が強い怒りを抱いているときは、冷静な判断ができなくなります。この「怒り」については、将の五危の中でも、最も危険な場面であるという

人情に流されて小と大の優劣を忘れてはいけないこと
臆病すぎてはいけないこと
短気ではいけないこと
名誉（メンツ）を気にしすぎてはいけないこと
勇猛すぎてはいけないこと

「将の五危」には、トレードするうえで欠かせない教訓が詰まっています

認識が必要となります。怒りに満ちあふれているので、「現実の状況」を無視して「怒り」を最優先に、どうにでもなれという計算のない行動をしてしまうからです。普段、冷静なときは、1万円を大切にトレードをしている人でも、ひとたび、この状態に陥ると10万円はおろか、100万円のトレードでさえ、思いきってやってしまうことまで考えられます。

しかし、その先に待っている結果は悲惨なものです。こうなると、もはや投資ではなく丁半ばくちです。いえ、怒りが最優先になっていると、丁半ではなく、負ける確率が七分でも、投資行動をしてしまいます。これが将の五危に列記されている所以です。

投資を行っていて、怒りが自分を支配していると感じたら、ただちに投資行動を控えて、まず、自身を落ち着かせることを第一に考えましょう。怒りが満ちあふれている場面では難しいかもしれませんが、そのまま怒りに任せて投資行動を継続すると、最悪の場合、全滅（資産の大幅な減少）に至ってしまう怖れもあります。第1章4話でもお話ししたように、人は平常時と異常時では違う考えをします。この「怒り」の場面も完全なる異常時になります。だからこそ、第2章12話でお話ししたのと同じように、あらかじめ平常時において、この「怒り」が自身を支配したときに投資行動を継続すると、資産が著しく減少してしまうというシミュレーションをしておくとよいでしょう。私の経験からいうと、このシミュレーションというものは、100％ではありませんが、かなりの威力を発揮してくれます。生身の人間が投資を行っているのです。人間の感情を優先して投資を行うと、取り返しのつかない結果が待っているると、あらかじめ認識することがとても重要になります。

④について。そもそも、何の目的で投資を行っているのか、本来の目的を再確認する必要があります。基本的に投資の目的は「利益を得る」ためであることが一般的だと思います。しかし、「自分の評価・名声も得る」という本来とは違う目的まで重ね合わせると、うまくいくものもうまくいかなくなります。

ここで最も注意したいのは、それを無意識で行ってしまう場合があるということです。自身がそれを認識して行っている場合は、どこかに用心があるのでまだよいのですが、無意識で行っている場合は危険です。仮に、投資において、「現実の状況」よりも「自分の評価・名声」を優先してトレードを行うと、勝率が著しく低下していきます。本来の目的からはずれた行動をして、良い結果が出ることはないのです。これが将の五危に列記されている所以です。投資の目的は何かという点を再確認する必要があります。

⑤について。本章23話でもお話ししたとおり、小事と大事の優劣になります。まず、一番に大切なことは何かということを確認する必要があります。

正考 seikou

人が失敗しやすい事由は自分も失敗しやすいということをあらかじめ知っておく。

第5章

攻撃をするときの正しい考え方

25 効率が最も良いと思われる場面で仕掛ける

投資を行ううえで、最も効率が良いトレードを仕掛ける場面はどこでしょうか？

いろいろな展開があるので、一概に「ここです」と限定するわけにはいきませんが、常に効率を考えるということは、とても大切なことです。**いかに、効率が良いトレードの仕掛けの場面を探せるかは、勝敗の大きな分かれ道となります。**今回は関ヶ原の戦いのときにおける、関ヶ原近郷のお百姓さんたちの行動から、教訓を学びたいと思います。

慶長5年（1600年）9月15日、石田三成公率いる西軍8万4千人と、徳川家康公率いる東軍7万4千人が関ヶ原（岐阜県）で、激突しました。結果は、ご存知のように東軍の徳川家康の圧倒的な勝利となり、西軍の石田三成は処刑されるという結果に終わります。ただ、それは結果論であり、この戦いの行方については、当初はまったくわかりませんでした。兵数でいえば石田三成の西軍のほうが多く、また布陣に関しても、関ヶ原を取り囲むように西軍が布陣しており、その真ん中に東軍が突っ込むような形になっていました。明治時代に日本の軍事顧問として来日していたドイツのメッケル少佐は、関ヶ原における東西両軍の布陣図を見て、即座に西軍の勝利を断言したと言われています。それだけ石田三成の率いる西軍の布陣は、圧倒的な優位に立っていました。

しかし、相手は戦の名人と言われていた徳川家康です。不利を承知のうえで決戦を仕掛けてくるということは、何かの勝算があってのことではないかと勘繰るのが普通でしょう。このような状況でしたから、戦がはじまる前は、どちらが勝ちそうなのかさえ、誰にもわかりませんでした。

この関ヶ原の戦いでは、次のような逸話が残っています。近くに住むお百姓さんたちは、弁当を持って山に登り、この世紀の戦いを見物していたというのです。東西合わせて16万人が、ときの声を上げて戦う様を見られる光景は普通では考えられません。さぞかし、すさまじい光景が眼下に広がっていたことと想像できます。

しかし、お百姓さんたちは、まったくの好奇心だけで、この合戦を見物していたわけではありません。どちらかが負けて敗走をはじめたとき、実は稼ぎ時がやってくるからです。落ち武者狩りは一攫千金が狙える儲けネタです。また、戦場には鎧や槍、刀やその他の品がごろごろ落ちています。日々、飢えとの戦いを強いられていた貧しいお百姓さんたちにとっては数少ない収入源であり、ましてや関ヶ原の戦いのような大戦は、一生に一度あるかないかの大きなチャンスだったのです。

この関ヶ原の戦いの東西両軍の勝敗を株価の上下に見立てるとすると、命懸けのお百姓さんたちの攻勢に出る場面と、万一危険を察知したら一目散に逃げる場面とは、どのようなときでしょうか？　トレードの仕掛けと損切りの場面を考えてみたいと思います。

トレードを仕掛けるときは、なるべく大きなリターンが期待でき、逆に、うまくいかなかったときに、損切りの判断が容易にわかる場面が望ましいと考えられます。では、相場を具体的に見てみましょう。

次ページは、２００４年～２００６年にかけての日経平均の週足チャートです。２００４年初めから２００５年の夏まで、見事に１万５００円から１万１４００円（あるいは１万２０００円）の間で、日経平均が推移しているのがわかります。このような相場をBOX相場と呼びます。このチャートを見て、勝敗（株価の上下という意味）が決した２００５年の８月に、１万２０００円を上抜けしていくところを狙うためには、どこで買いを入れるのが一番望ましいでしょうか？

効率を考えるときは、表面的なものだけではなく、潜在している人の心理も併せて考慮します。それによって、効率の判断の効果がより増します。ここでは「人は常に自分の行動を正しく思いたく、逆に、自分の行動を否定することに苦痛を伴う」という人の基本心理を踏まえて考えてみます。

◆日経平均のチャート（2004年〜2006年）

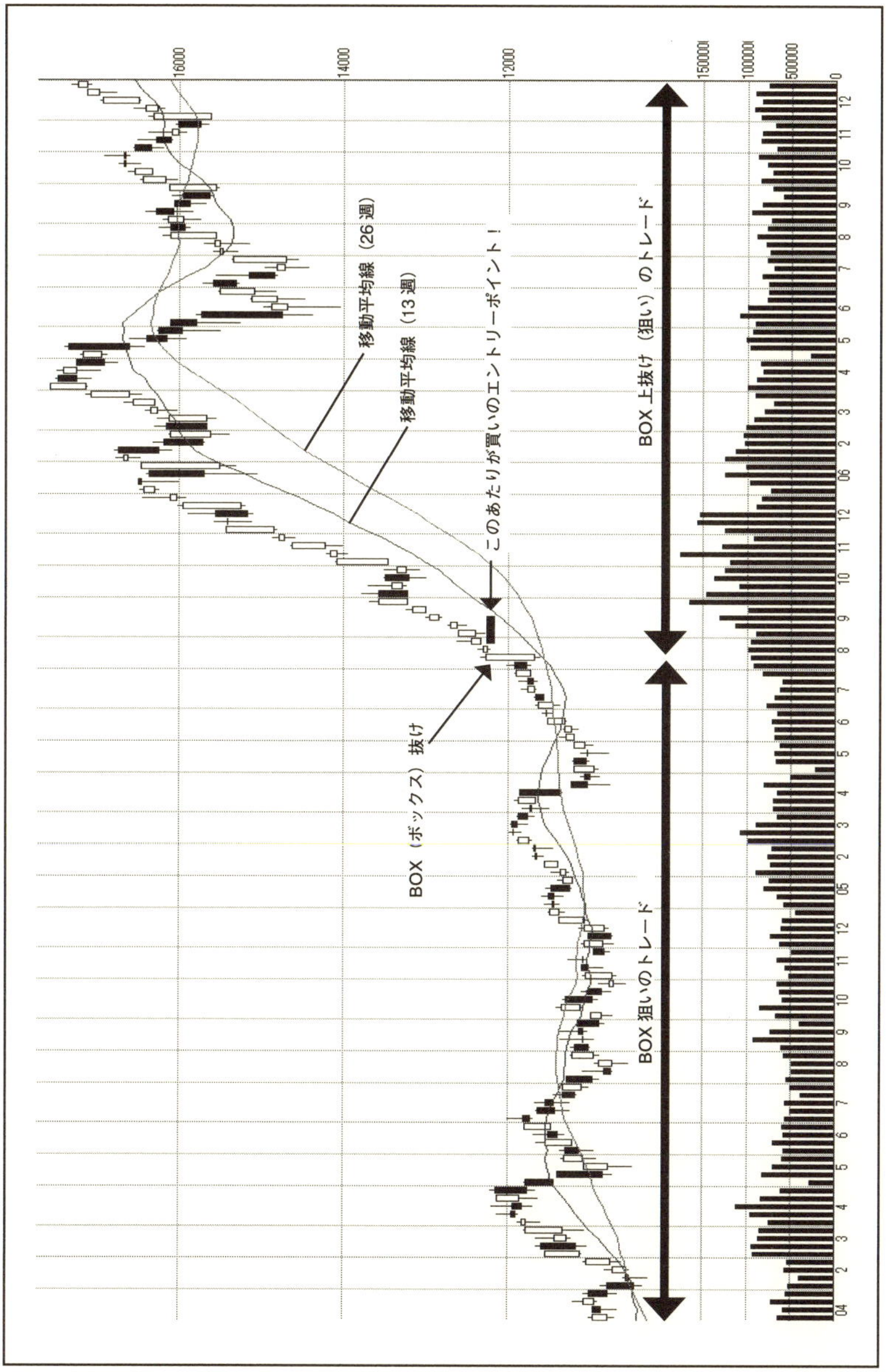

まず、1万600円くらいで買うのはどうでしょうか？

先に結論を言いますと、小さな利益確定で終わることが多くなります。なぜなら、何度もBOX圏での上下が繰り返され、何度も拍子抜けをさせられると、人はだんだん期待していたものを信じなくなるからです。童話のオオカミ少年のお話を思い出していただければ、わかりやすいと思います。今度こそBOX圏を上抜けすると期待していたのに、また落ちてきて元の株価に戻ってくると、BOX圏を上抜けていこうとする動きがだんだん懐疑的に思えてきます。

そのため、小さな利益確定をすることによって、自分の行動が正しかったことを早く結論付けたくなるのです。小さな利益確定をした後、さらに上昇して、BOX圏を上抜けていったならば、そのときにまた買えばよいのではないかと思われる方もいると思います。この点は後述しますが、BOX圏の上抜けはないと考えて、小さな利益確定をした行動の後では、事は簡単ではありません。BOX圏の上抜けを懐疑的に思い、せっかく買った分を利益確定したのです。新たに買うと、利益確定をした自分を否定することになってしまうため、それなりの経験値を積んでいないと、素直にすぐ買えないのが生身の人間です。この「人間特有の習性」が災いして、1万2000円の上抜けでの大きな利益を逃す確率が高まります。

では、1万1400円くらいで買ったらどうでしょうか?

これも先に結論を言いますと、日経平均が下に振れたときに、頭ではわかってはいても、投げてしまうこと（損切り）が多くなります。なぜなら、「恐怖」の2文字が舞い降りてくるためです。

BOX圏の下限まで再び日経平均が落ちてくると、今度こそ、このBOX圏を下に抜けるのではないかという猜疑心がまず芽生えます。一般的には、日経平均の悪い材料（ニュース）が出るときは連続で出てくることが多いのです。そのため、BOX圏の下限付近まで日経平均が落ちてきて、猜疑心が芽生えているところに悪い材料（ニュース）が出ると、「ついにBOXを下に抜けてしまう」と考え、猜疑心が恐怖心に変わりあわてて投げてしまう（損切りする）のです。そして、BOX圏の下限で投げた後、逆に日経平均が盛り返してきたとしても、今度は、即座に買うことができにくくなります。なぜなら、BOX圏の下限で投げた自分の行動を否定することになるからです。自分を否定するような行動を、人はしにくくなると肝に銘じておきましょう。

ここで、関ヶ原のお百姓さんたちから教訓を学びます。

関ヶ原の戦いを見物しているお百姓さんたちは、勝敗の方向が決してから行動に移ります。当たり前ですが、東西両軍が入り乱れての戦闘中は、山上でお弁当を食べながらの様子見で、決して戦場には出ません。

トレードも同じです。BOX圏を高確率で抜け出したのを確認してから、行動を起こしましょう。チャートでは、2005年8月10日に日経平均が1万2000円を上抜けてきました。ただ、ダマシもあるため、私の場合はさらに数日、様子を見ます。万一、ダマシの場合は、すぐに損切りをして撤退しましょう。関ヶ原の戦いで、負けたはずの西軍の石田三成側が、万が一、勢いを盛り返してきたら、お百姓さんたちは間違いなく一目散に逃げるはずです。8月10日以降、様子を見ていると、翌週は、1万2200円の下値を固めつつあるのがわかります。こうなると、高確率でBOX圏を上抜けしたと判断できるため、関ヶ原の戦いのお百姓さんたちと同じく、一気果敢に攻撃を仕掛けます。

この展開では、最も効率が高いであろうトレードを仕掛ける場面が「ここ」となり、言うまでもなく、この地点こそがトレードを仕掛けるところです。その後は、押し目らしい押し目をつけずに、2006年1月には、日経平均は1万6500円付近まで上昇していきました。

なお、補足すると、この2004年~2006年の状況でのベストのトレードとは、BOX

圏の下限付近で買い、ＢＯＸ圏の上限付近で売る（あるいはＢＯＸ圏の上限付近で空売り、ＢＯＸ圏の下限付近で買い戻す）という行動を繰り返し、２００５年の８月のように、ＢＯＸ圏を上抜けてきたら、再びそこで買うという行動です。

一見、前述した内容と矛盾するようですが、ここで大切なことは、どのような目的でトレードを仕掛けたかという観点から、自分を否定しない行動です。ＢＯＸ圏の上限で利益確定をするときは、あくまでも「ＢＯＸ圏

戦の最中（勝敗がわからないとき）は高みの見物で……

戦が終わった（勝敗が決まった）ことを確認してから、戦利品を集める

内でのトレード」という目的なのです。そして、ＢＯＸ圏を上抜けてからの買いは、ＢＯＸ圏内でのトレードとは関係のない、また新たな「ＢＯＸ圏の上抜けでのトレード」なのです。「ＢＯＸ圏内でのトレード」は、そもそもＢＯＸ圏内で利益確定をして完結させるので、自分を否定することは一切ありません。もし、あそこで売っていなければもっと利益が増えたはずと考えるのなら、それは結果論のみであり、誤った考え方です。

投資の正しい考え方は、あくまでも、**結果が出る前の時点において、より効率の良い場面を考えるもの**だからです。それぞれに、そのときの優位性を考え、割りきって、そのときの最も効率の良いトレードを心がけるようにしましょう。

正考
seikou

常に効率が最も高いであろう場面でトレードするように、常日頃から考える。

26
局所的に考えるのではなく、総合的に考える

投資は勝ち負けを繰り返しながら行っていくのが常です。では、投資で勝ったと言えるのは、一体いつの時点でしょうか？　一時的に投資で勝ったというのは本当の勝ちではありません。金輪際、間違いなく決して投資をしないというのならわかりますが、通常、勝っている場合は投資を続けるのが一般的です。では、本当の勝ちとはなんでしょうか？　それは、一時的に負けても長期的に勝ち続けていけることです。長期的に勝つには、その時々の偶然を極力排除して、きちんとした理屈に基づく必要があります。

この26話では、投資で長期的に勝ち続けるにあたって必要不可欠な考え方を紹介します。投資では、**局所的に考えるのではなく、総合的に考える**という基本理念を理解することがとても大切です。どのくらい大切かというと、この考え方を理解せずして、長期的に投資で利益を上げ続けるのは不可能だと断言できるほどです。これは、歴史上の多くの偉大な人物たちも採用していた考え方でもあります。それ

では紹介しましょう。

紀元前4世紀頃の中国に孫臏（そんぴん）という人物がいました。彼は、孫氏の兵法を記した孫武の子孫と云われています。孫臏はあまりに有能であるがゆえに、他国で大将軍を務める旧友に裏切られ、足切の刑に処せられ両足を失います。さらに命も狙われますが、斉の国の将軍に助けられ、その後は斉の国の将軍の家で暮らします。

斉の国の将軍は賭け事が好きで、斉の国の公子らとともに、3台の馬車を3組に分けて競走させ、その勝負の行方を賭けていました。しかし、将軍の馬は公子の馬にはなかなか勝てませんでした。なぜなら、公子が所有している馬のほうが、わずかに将軍の馬よりも優れていたからです。毎回、大金を巻き上げられていた将軍は、このことを孫臏に相談します。すると、孫臏からアドバイスをもらいました。

馬車を引く3頭の馬には上中下という能力の差がありました。将軍は、公子の「上」の馬に対して自分の「上」の馬を、公子の「中」の馬には、自分の「中」の馬をという方法で競わせていました。それを知った孫臏は、公子の「上」の馬に将軍の「下」の馬を、公子の「中」の馬には将軍の「上」の馬を、公子の「下」の馬には将軍の「中」の馬を競わせなさいと教えます。これによって1敗は必至ですが、残りの2試合で優位になりました。

あるときから、突然、馬車の賭けに勝ち出した将軍。公子の父親である斉の国の王様まで賭けに加わり、将軍と勝負をしますが、結果は将軍の連戦連勝でした。急に勝ち出した理由を問われた将軍は、自分のところに有能な人物がいると王様に言上します。孫臏は、その有能さを斉の国の王様に買われると、斉の国の軍師に抜擢されます。軍師に抜擢された孫臏は、その後の幾多の戦いで見事な大勝利を収め、その名を天下に轟かせました。この孫臏も兵法を記しています。「孫子の兵法」を記した孫武と区別するため、孫臏の兵法は「孫臏兵法」と呼ばれています。現中国の山東省で、実際に、孫臏の竹簡の兵法書が発見されています。

この孫臏の馬車の競走の逸話には、投資で長期的に勝つための基本的な思考が示されています。孫臏の逸話にあるように、低確率の3勝を狙うのではなく、高確率の2勝1敗を狙うという思考です。

ここで、トレードの話に置き換えるために、前25話で紹介した2004年~2006年の日経平均の相場を振り返ってみましょう。

2005年8月にBOXを上抜けした日経平均について、仮に、これがダマシであった場合を考えてみます（次ページ参照）。

BOXを上抜けしたと判断して、1万2300円くらいで買いを入れます。その後、仮に1万1800円くらいまで落ちてきてしまったとします。ここは、BOXを上抜けなかったのですから、当初の根拠がなくなるため、当然、損切りをします。ここでの損害は1万2300円の買いから1万1800円の売りとなったので、マイナス500円です。

◆日経平均のチャート（2004年～2006年）

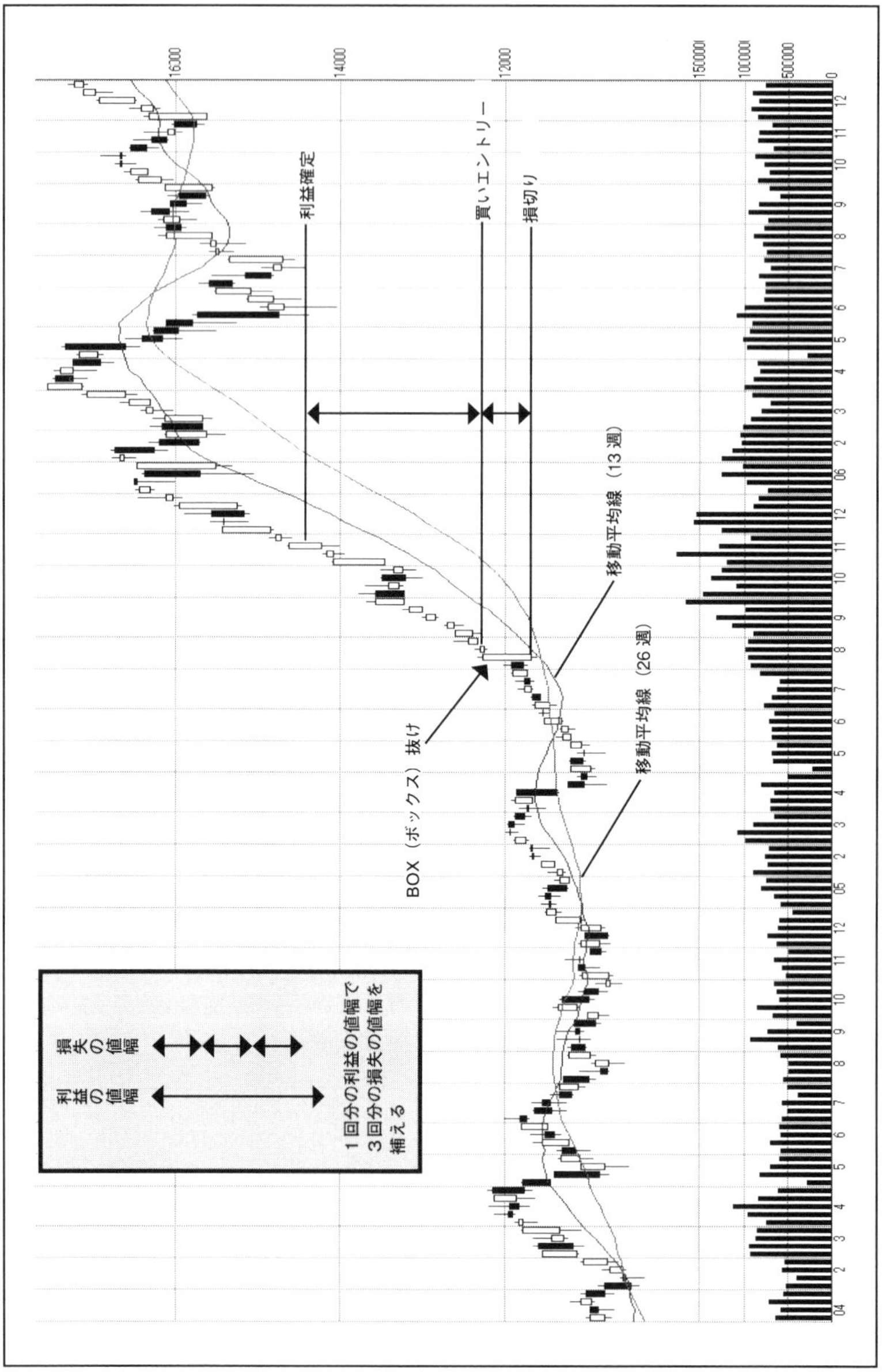

今度は2005年8月の結果のとおりにうまくいった場合を考えます。2006年の1万6500円付近まで買いを保てるかどうかはわかりませんので、仮に半分の1万4400円で利益確定したとすると、1万2300円の買いから1万4400円の売りとなるので、プラス2100円となります。

これらのケースが仮に4回あり、BOXを上抜けしたのが1回、運が悪くてダマシが3回だったとします。勝率では単純に1勝3敗となります。勝率では負けていますが、1勝でプラス2100円、3敗で500円×3でマイナス1500円。1勝3敗でも、2100円から1500円を引いて、600円もの利益が残ります。

このように、**確率上、優位性があると思われるトレードを常に繰り返す**のです。時には3勝1敗のこともあります。その場合の利益は、2100円×3＝6300円、マイナスは1回でマイナス500円。6300円から500円を引くと5800円もの大きな利益になります。

防御を第一に考えつつ、効率が高いであろうトレードを常に心がければ、最終的にはプラスとなります。これが、**局所的に考えるのではなく総合的に考える**ということです。あるトレードでは負けても、他のトレードで総合的に勝てばなんらの問題もありません。全勝しようとすると、最初の将軍の馬の競走のように、全敗もしくは確実に負けが増えていきます。高確率で

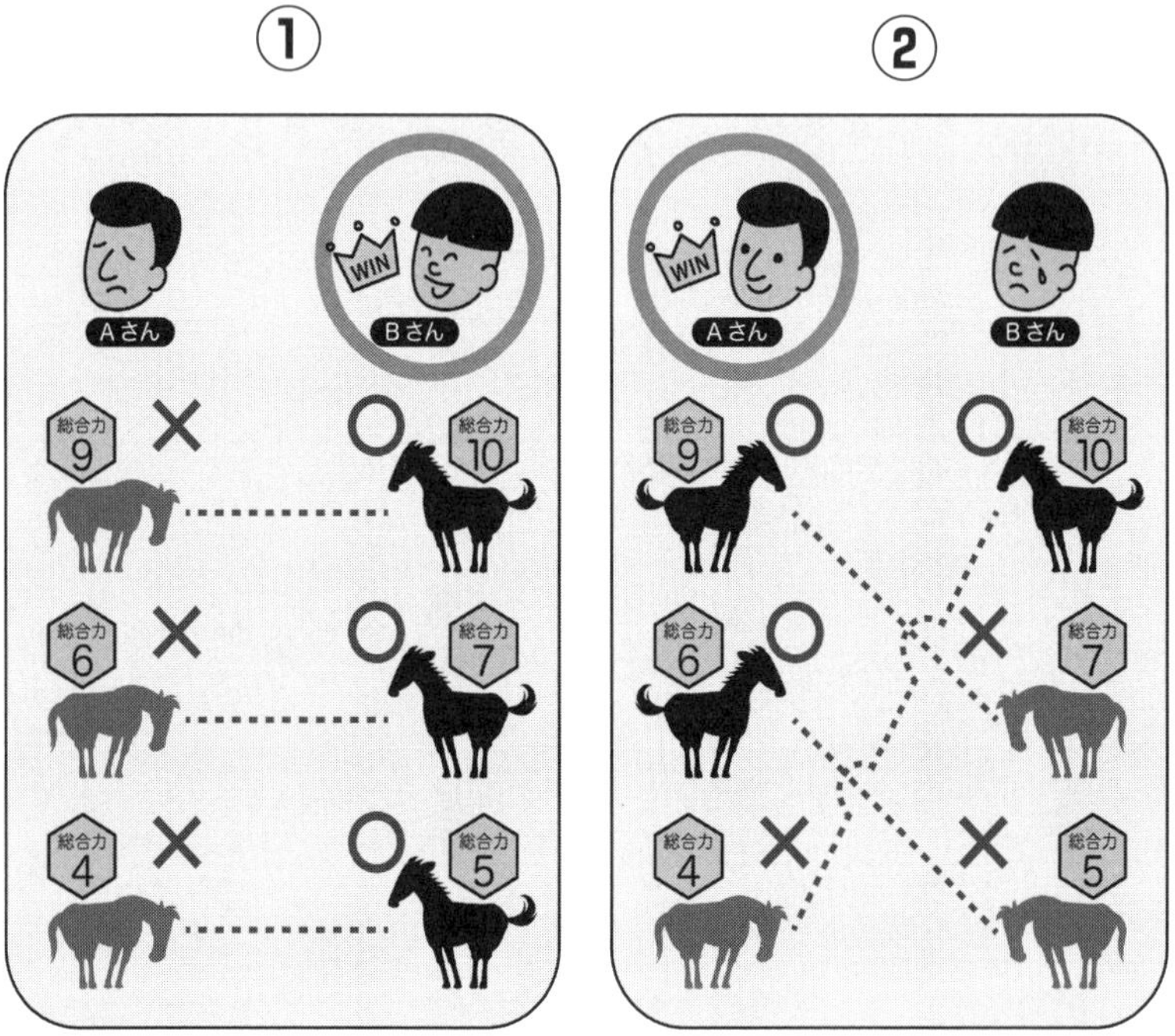

Aさんの馬（3頭）とBさんの馬（3頭）の総合力を比較したとき、Bさんの馬のほうがAさんの馬よりも優れていたとしても（①）、組み合わせ次第で、総合的に勝利を収めることはできる（②）

勝てそうな場面で勝ち、負けそうなところでは、静観もしくは負けても痛手にならない範囲で撤退を考えておくことが投資においては必要です。小さな視野ではなく大きな視野で、常に総合的な視点を持つことが最善の策です。

総合的に考えることを念頭に置くことによって、良い副作用も生まれます。それは、局所的なトレード（1回のトレード）で、損切りが容易にできるようになることです。特に、わかっていながらも損切りできない方は、この「総合的に勝つ」という孫臏の精神を常に念頭に置くとよいかと思います。

正考
seikou

局所的に考えるのではなく、総合的に考える。

27

節目を意識する

株価には節目というものがあります。移動平均線や直近の高値や安値、また出来高の多い価格帯などがそれに当たります。その節目を意識するかしないかによって、投資における収益は必ず変わります。なぜなら、そのような価格帯の節目は、多くの投資家たちが意識をしているからです。

歴史上の合戦においても、そのような節目のポイントを意識した人物がいました。本書でも何度か紹介した諸葛孔明です。今回も、その諸葛孔明の視点から節目を学びたいと思います。

合戦において、最も有利な戦いというものがあります。それは追撃戦です。追撃戦とは、逃げていく者を追いかけて討ち取る戦いです。歴史上の合戦においては、追撃戦を行うことによって、敵に決定的な打撃を与えることも珍しくはありません。時には、たった1回の追撃戦で勝敗が決まってしまうこともあります。

一般的に追撃戦が成立する場面というのは、戦いになった後に、敵が後退しはじめるところです。この場合、敵は恐怖の虜になり士気は低下していますから、時には武器も捨てて逃げることもあります。それを追いかけて討ち取る戦いなのですから、追いかける側にとっては圧倒的に優勢の展開になります。孔明も、敵国である魏との戦いにおいて、何度も勝利を重ね、追撃戦を展開しました。その孔明の追撃戦によって、討ち取られた魏の兵士は数えきれませんでした。

しかし、勝率も高く戦果も大きい追撃戦ですが、時に思わぬ敵の反撃を受ける場合があります。敵軍の将が優れた人物であればあるほど、追撃戦を簡単に行うことはできません。なぜなら、優れた将軍は、自軍が敗れた場合のことまで想定して、戦闘をしていることが多いからです。

孔明と何度も対峙した魏の名将、司馬懿もその例外ではありませんでした。司馬懿の知恵の回るところは皆が知っているところでしたから、孔明もまた、その司馬懿との戦いにおいては最大の注意を払いました。その司馬懿との戦いにおいても、孔明は何度か勝利を収めて敵を敗走させると、追撃戦に移りました。これは、戦いにおいて勝利を掴めば当たり前の行動です。しかし、孔明はある程度まで追撃をすると、途中で止めさせます。あるところまで追撃してくると、その先の道が不案内であったり、また、その先の地形が自軍にとって危険な場合があります。孔明は司馬懿が魏の国で一番の名将であることをよく理解していたため、そのような節目の場面では決して深追いはしなかったのです。

事実、司馬懿ほどの人物は、自軍が敗れた場合に備えて、後方に予備部隊を控えさせていたり、頑強な砦なども用意していました。例えば、敵が迂闊に追撃してきたときには、砦などで足止めをさせて、その間に敗走していた軍を立て直し、一気逆襲の展開まで戦局を盛り返すことなどを想定していたのです。こういった司馬懿の戦略を熟知している孔明だからこそ、不用意な追撃は行わなかったのです。

トレードにおいても、このことがまさに当てはまる場面があります。では、相場を具体的に見てみましょう。

次ページは、日立建機（６３０５）の２０１２年７月～９月の日足チャートです。

ここでの株価は、７月２５日に一旦、底をつけてから上昇に転じた後、再び下落してきて９月６日に２回目の底をつけています。いわゆるダブル底の形となりそうであり、また、底をつけた９月６日の翌日の７日には陽線をひいて出来高も増えてきました。ここで反転して再び上昇に転じそうです。

仮に、９月７日の１３００円を超えたあたりで、この株を購入したとします。翌日には窓を空けて上昇します。その後、多少、株価は押しますが、９月１４日には再び上昇して、一時、高値１３８４円をつけました。チャートだけを見ると、とても良い形です。株式投資では、利益はなるべく伸ばすのが最善です。孔明の例でいくと、まさに追撃戦を展開する場面です。

しかし、ここで注意しなくてはいけないのが節目です。株価がさらに上昇した１４日の２５

◆日立建機のチャート（2012年６月～９月）

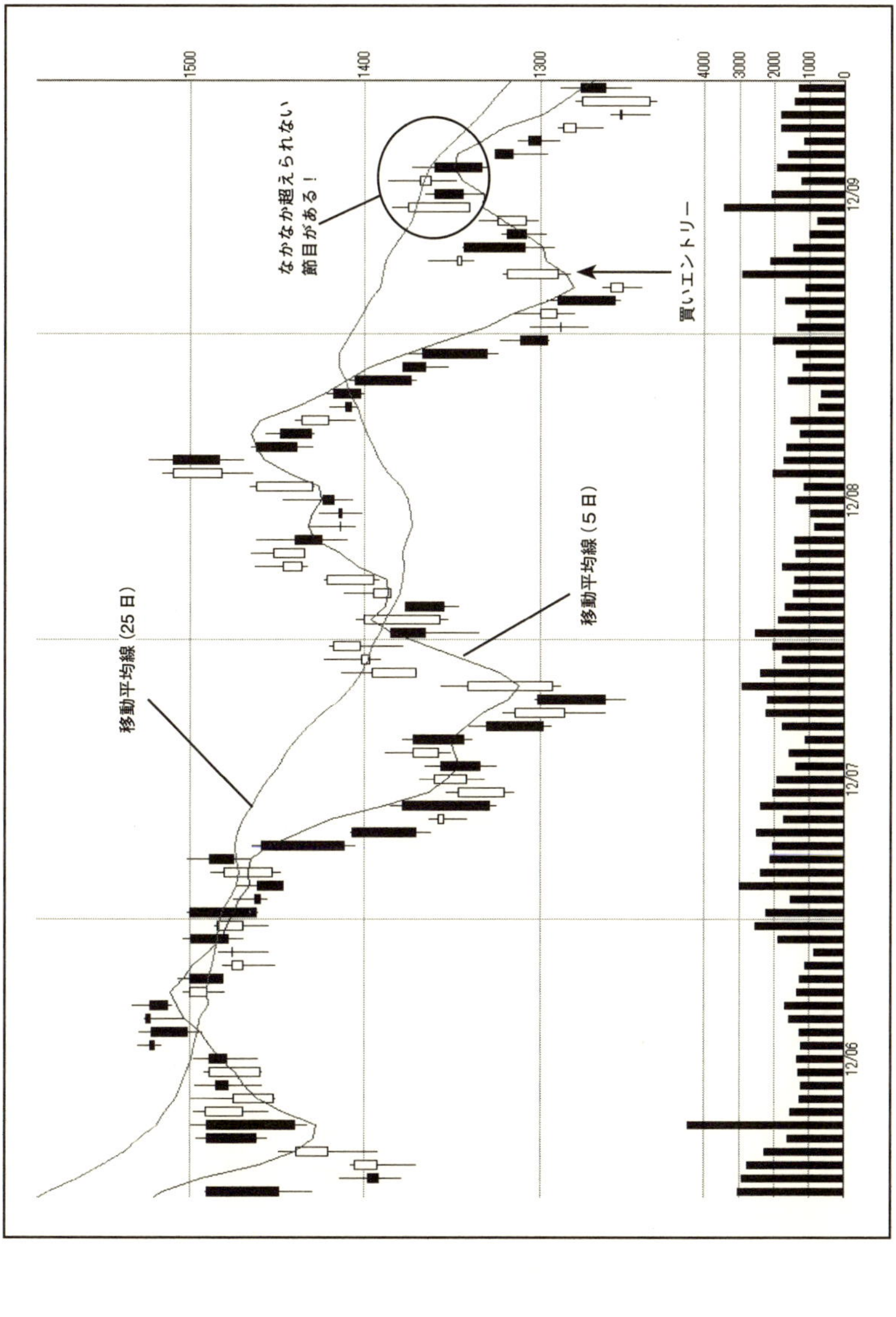

日移動平均線は1370円となります。25日移動平均線とは、過去25営業日の終値の平均値です。このような移動平均線は、数多くの投資家が注目しています。株価は14日の翌営業日には、いったん跳ね返されて下落した後、再び翌日19日には上昇します。しかし、その19日の株価は高値を維持できずに、ほぼ25日移動平均線あたりで終値となりました。さらに翌日の20日には、もう一度、25日移動平均線を超えるものの、やはり、その株価を維持できずに下落に転じ、21日には買値付近にまで落ちてきてしまいました。

ここは損切りもしくは薄利で撤退をする場面です。なぜなら、当初、ダブル底のよ

節目というものは簡単には切れない（崩せない）ものです

うな形から反発を期待して購入しましたが、25日移動平均線で跳ね返されて戻ってきてしまったケースになるからです。25日移動平均線などの節目は、まさに、司馬懿の反撃などがある場面になります。孔明は道が不案内などの場合は、それ以上の追撃は行わずに、戦果をそこで確定させました。トレードでも、移動平均線などの場面では、敵の反撃がありそうな節目にいるということを、明確に意識することが大切です。

節目のような場面では、その節目を越えて上昇を継続するのか、この日立建機のように落ちてきてしまうのか、「結果」を見て判断し、万一、落ちてきてしまったら、すぐに対処（撤退）をする必要があります。ただ、ここで誤解していただきたくないのは、移動平均線などがある節目だからといって、すぐに撤退をするわけではないということです（ただし、節目の株価までに十分な利益が確保できたのなら、そこで利益確定をするのもひとつの手です）。投資では、あくまでも利益を伸ばすことを追い求めます。この日立建機の展開では、25日移動平均線を超えてさらに上に行けるのか、それとも下落に反転するのかを見極めるのです。見極めた結果、上昇を継続するようであればさらなる株高が期待できます。逆に、下落に転じるようであれば、それが撤退の合図となるのです。

節目にいることがわかっていれば、うまくいかなかったとしても、同値撤退、もしくは微損で済みます。うまくいけば、大きく利益を伸ばすことができますから利大となります。このような節目の地点では、株価の方向が変わる可能性が、他の価格帯よりも高いということを熟知しておくと勝率は必ず上がります。

なお、移動平均線では日足だけに注意をするのではなく、週足チャートの移動平均線にも目を配ると、より精度が高い節目の意識が可能になります。日足では5日、25日、週足では13週、26週移動平均線あたり、また過去の出来高が多い価格帯や500円、1000円などのぴったりとなる価格、直近の高値や安値なども、より多くの投資家が意識する節目となります。

正考
seikou

株価の節目をいつも意識する。

28 大きな金額でトレードするときの心得

投資を続けていると、時として大きなチャンスに巡り合うときがあります。ただし、チャンスと言っても良い面ばかりだけではありません。当然、リスクもあります。大きなチャンスがある場合、投資金額を引き上げたほうがよいのでしょうか？　これは、私が過去に多くいただいた質問のひとつです。実際、多くの方がとても悩むところだと思います。

第1章5話の「全資産を失う可能性がある投資をしてはいけない」でお話ししましたように、私の場合は、そのようなチャンスの場面においては、優先順位を守ったうえでの投資を行います。以下のケースから考えてみたいと思います。

①利益2　と　損1（期待利益が2で、リスクが1）
②利益20　と　損10（期待利益が20で、リスクが10）

①のトレードを行う場合と、投資金額を引き上げて②のトレードを行う場合を比較してみましょう。①のケースで②と同じ期待利益を得るためには、①で10回のトレードを行う必要があります。このことを考慮すると、②は時間の節約になります。ただし、ここで大切な点は大数の法則です。分母（トレード回数）が大きければ大きいほど確率に近づくので、より安全を目指すなら、分母が大きくなる①の展開が好ましくなります。

いろいろなケースがあるため、「絶対にこの選択肢が正しい」ということはありません。大きな話になればなるほど難しい判断を迫られることだけは確かです。

このように大きな勝負の場面では大いに悩むということは、実は歴史上の偉人たちの行動からも、窺い知ることができます。ひとつ紹介させていただきます。

慶長5年（1600年）関ヶ原の戦いが、東軍の徳川家康公と西軍の石田三成公の間で行われました。第4章17話でも紹介したように、戦いは関ヶ原だけではなく、長野県でも行われました。その第4章17話で紹介した戦いを、徳川秀忠公の視点とは逆側になる、上田（長野県）の真田昌幸公の視点から考察してみます。

石田光三成が西で挙兵すると、関東にいた徳川家康は西に向かいます。このとき、各地の大名はどちらに味方するのかとても悩んだと言われています。その中のひとりであった上田の真田昌幸は、息子2人との長時間にわたる話し合いの結果、西軍である石田三成側に味方をすることにしました。各地の大名たちも、さまざまな考えの基に西軍に味方し、あるいは東軍に味方しました。味方をする根拠は、自領の地理的な問題、恩義、婚姻関係などでした。

さて、真田昌幸の領地である上田（長野県）の地理的な位置は、西軍に味方した場合、その時点で滅亡が決まってしまうのではないかと思われるほど、最悪な位置にありました。なぜなら、真田昌幸の領地は、徳川の大軍が西に向かう途中の中山道のルートの近くにあるからです。さらに、近くの領地で西軍に味方しそうな大名は皆無でした。嫌でも徳川の大軍に単独で迎え撃つしかない状況にあったのです。

この真田昌幸という人物は、若い頃に武田信玄公の奥近習衆として仕え、信玄に「我が眼」と称されたほどの人物でした。

関ヶ原の戦い以前にも、徳川に敵対した時期があり、徳川の大軍に上田を攻められたことがありましたが、真田の小勢で徳川の大軍を撃退しています。後年、大坂の陣で、神の如く変幻自在に兵を操ったと言われた真田幸村（信繁）の実父にあたり、また彼の戦の師でもありました。次のような逸話まで残っています。後年、大坂の陣の戦いの前に、真田が大坂城に入城したという報告を受けた徳川家康は、手をかけた部屋の板戸をガタガタと震わせながら「親のほうか、子のほうか」と二度も問いただしたと。それだけの人物であった真田昌幸の慧眼は確かで、石田三成が西で挙兵したとき、「7対3で東軍の徳川の勝ちだろう」と、関ヶ原の戦いの結果を見事に予想しました。なお、この時点での勝敗は誰にもわからず、むしろ西軍有利と考えた大名も大勢いました。では7対3という不利の予想の中、なぜ真田昌幸は西軍に味方したのでしょうか？

真田昌幸はリスクとリターンを明確に考えていたのです。もし、東軍（徳川家康）に味方して、予想通り東軍が勝った場合、自分への恩賞は微々たるもので、たかが知れていると考えました。反対に、もし西軍（石田三成）に味方して、西軍が勝てば１００万石級の恩賞がもらえ、大大名になれる可能性が高いのです。まして、真田昌幸ほどの軍略をもってすれば、大大名になった後、天下を狙うことも可能になります。これが最大リターンです。逆に、もし西軍が敗れて自分が死ぬ場合でも、真田家が絶えないように、長男の真田信幸（信之）を、東軍の徳川側に味方させました。これがリスクヘッジです。真田昌幸は、見事に損小利大のリスクとリターンを構築して決戦に臨んだのです。

私もこの真田昌幸の例の通り、かなり大きなチャンスであると判断した場合に限っては、大きめの投資金額を入れて、大胆なトレードを行う場合があります。その場合の思考は、このときの真田昌幸公を参考にさせていただいています。

判断基準としては、大きく２つの視点から考えます。

①その勝率の予想

②得られるもの失うものの大きさ（金額）。特にリスクの最大損失を計算

ここでの絶対的な注意点は、全滅（全資産を失う）はもちろん、資産の半分を失うようなトレードは決してやらない（やってはいけない）という点です。これは第1章5話でお話ししたとおりです。

この2つの視点を見据えて、私が実際に体験したトレードを紹介します。

2012年10月、住友商事とKDDIが、ケーブルテレビ首位のジュピターテレコム（4817）を株式公開買い付け（TOB）で買い取る旨の報道が流れました。株式公開買い付け（TOB）とは、一定の株価（TOB価格）で買い取るので、あなたの株を売ってくださいねという発表です。一般的には、その時点の株価にプレミアムをつけて価格設定をすることが多いです。ジュピターテレコムについては、2010年2月にも住友商事による株式公開買い付け（TOB）がありました。そのときのTOB価格は13万9500円でした。とすると、まだ株式公開買い付け（TOB）価格の正式な発表はされていませんでしたが、今回のTOB価格も前回同様の13万9500円になる確率が高いと考えました。ここは大きなチャンスです。報道があった翌営業日はストップ高の9万7700円で買いが殺到して比例配分となり、私の買い注文はわずかに2株しか約定しませんでした。その翌営業日は、11万2700円で再びストップ高となるものの、すぐに売りが出てきて株価が下がります。この日、11万2700円で購入したとして、思惑通りに13万9500円でTOB価格が決定すれば、1株で2万6800円の利益となります。ここで私は真田昌幸と同じように、勝敗の行方と最大リスク、最大リターンを計算しました。このときに私が出した計算は次のようなものになります。

勝率：75％　最大利益：2000万円　最大損失（最大リスク）：400万円

これらの計算の根拠は、過去のＴＯＢの傾向や、買収する企業、買収される企業、現在の日本の情勢、また尊い友人の意見などです。実に、さまざまな視点から考えました。

当日、私は迷いましたが、後場になって断続的にジュピターテレコムに買いを入れて、合計で739株、平均単価約11万2000円で購入しました。これだけの勝率とリスクリターンは、滅多に出合わないとても大きなチャンスでしたから、私は勝負に出たのです。このときの私の運用資産は1億円を少し超えるくらいでした。仮に、計算した最大損失400万円を失ったとしても、大きな痛手ではありますが、損失は運用資産の4％ほどで済みますから、精神がおかしくなるレベルではありません。

投資金額を決めるときの最大の注意点は「ここ」になります。**自身にとって、精神が乱れるような額で絶対に投資してはいけないということ**です。なぜなら、精神が乱れるような投資金額を入れると、冷静な判断ができずに、自ら失敗の方向に向かう確率が極めて高くなるからです。投資をする前に、冷静な計算で勝率75％と出していても、投資後に精神が乱れた場合、その時点で勝率は75％の半分以下に落ち込むと肝に銘じましょう。ここでいう精神が乱れるとは、株価のちょっとした上下が気になって

常に「冷静でいられる金額」を投資する前提で、勝率とリスク＆リターンのバランスを考えること

気になって仕方がなかったり、また、夜も眠れないような状態です。その場合は、精神が乱れていると判断できます。大きなトレードを行うときは、必ずこの点に注意することを意識しましょう。

さて、真田昌幸の賭けの結果はどうなったでしょうか。上田城で篭城する真田軍2千人に、徳川軍主力3万8千人が猛攻を加えました。通常、城攻めは城内の3倍の兵力があれば「(城を)落とせる」と言われていましたが、真田昌幸の軍略の前に、19倍の兵力を擁する徳川軍主力は、結局、上田城を落とすことができませんでした。東西の天下分け目の戦いにおいて、地方の小領主であった真田昌幸は、徳川主力の大軍を、小勢で上田(長野県)に釘付けにし、関ヶ原の戦いに参戦させないという前代未聞の功績を立てました。しかし、肝心の関ヶ原の戦いでは、徳川主力軍が参戦しないにもかかわらず西軍は敗れてしまい、真田昌幸の賭けは失敗に終わりました。戦後、真田昌幸は配流の身となりましたが、徳川に味方した長男の真田信之が真田の家を残し、信濃松代藩の初代藩主となって、真田家は明治時代まで存続しました。

さて、私のジュピターテレコムの結果です。ジュピターテレコムは結果的にTOB価格が11万円となり、私の思惑は見事にはずれました。このときの私の実際の損失は158万円でした(その後の追加投資の結果は省略しています)。結果だけを見ると、158万円の損失ですので、とても残念ではありますが、それはあくまでも結果論です。

本書で繰り返し述べていますように、投資では、**結果が出る前の時点における確率こそが最も大切**なのです。これが良い方向に向かっていれば、最大利益の2000万円とはならずとも、数百万円の利益にはなっていたかもしれません。真田昌幸も私のジュピターテレコムの例も、失敗には終わりましたが、やるべき価値は十二分にあったと思います。

まず勝率を考え、次にリスクとリターン（特に最大損失）を計算して比較考量します。そして、そのときの投資金額は、必ず精神的に冷静でいられる範囲内に抑えます。これが、大きな勝負をするときに考えるべきことなのです。

正考
seikou

大きなトレードをする場合の判断基準は、次のとおり。
①勝率を考え、②リスクとリターンを比較考量
③自分が冷静にトレードできるか否かを確認する

29「木を見て森を見ず」に注意

題名の「木を見て森を見ず」ということわざはとても有名です。意味は、物事の一部分や細部に気を取られて、全体を見通さないことのたとえです。このことわざは英語にもあり、英語では「You cannot see the wood for the trees」と言います。日本語には、「鹿を追う者は山を見ず」などの類義のことわざも多数あります。それだけ、世界共通で人が失敗しやすい事由になるということです。歴史上でも、このことわざが当てはまる場面があります。

天正17年（1589年）に伊達政宗公と会津の芦名（あしな）義広公が、福島県で戦った摺上原（すりあげはら）の戦いです。

かねてより、争いを繰り返していた伊達政宗と芦名義広は、ついに福島県の磐梯山裾野の摺上原で決戦となりました。『芦名記』によると、このときの両軍の兵力は、伊達政宗軍が2万3千人、それに対して芦名義広軍は1万6千人と記録されています。両軍の兵力差もさることながら、伊達軍は過去幾多の激戦を勝ち抜いてきた猛将と精強な兵を擁しており、逆に芦名側は、当主の跡継ぎ問題も抱え、家臣の間ではすでに内部分裂も始まっており、著しく団結力に欠けていました。これらの観点から、当初は圧倒的に伊達軍の優勢と思われていました。

1589年7月17日、西風が吹く烈風の中、ついに両軍はがっぷり四つに激突しました。西に陣を敷いていた芦名軍先鋒の大将が、東に陣を敷く伊達軍に向かって、決死の覚悟の突撃を開始します。両軍が激突してしばらくすると、芦名軍先鋒の大将の気迫の前に、伊達軍の第一陣が崩れます。圧倒的優勢と思われていた伊達軍が先に崩れました。

伊達第一陣を崩した芦名軍は、次に伊達の第二陣、伊達軍最強の片倉小十郎の部隊に襲い掛かります。ここで芦名軍は大鉄砲なども使い、片倉小十郎の側近衆などを射殺すると、猛攻を加え、なんと片倉小十郎の部隊までも突き崩しました。さらに芦名軍は勢いを強めると、伊達軍の第三陣、第四陣まで次々に打ち破ります。このときの伊達政宗は、信じられない光景を目前にして、さぞ青ざめたのではないかと思われます。

なぜ精強の兵を率いた伊達軍がここまで崩れたのでしょうか。芦名軍がここまで伊達軍を突き崩した最大の理由は「風」でした（芦名軍先鋒の大将の決死の働きはもちろんです）。決戦当日は、西の芦名側から東に位置する伊達軍に向かって、強い風が吹いていたのです。その強い風は砂塵を巻き上げます。そして、舞い上がった砂塵は伊達軍の兵士の目に容赦なく降りそそぎました。いかに精強な兵であっても、目があまり開けていられない状態ではまともに戦うことはできません。陣を崩されるような展開に追い込まれてしまっても無理はなかったのです。

さて、第四陣まで崩れた伊達軍。これで敗退が決定的かと思われましたが、ここで神のいたずらなのか、突如、風向きが変わります。今まで西風だった烈風が、東風に変わったのです。すると、今度は芦名軍の兵士の目に砂塵が襲い掛かります。今まで劣勢であった伊達軍は一気に盛り返すと、芦名軍に総攻撃を仕掛けました。あっという間に芦名軍の陣容が崩れていくと、完全に敗走状態となりました。芦名側の退路にある日橋川では、芦名の兵士の多くが命を落とします。伊達軍はさらに追撃戦に移り、その4日後には芦名の本拠である黒川城（現会津若松城・鶴ヶ城）に入城しました。このとき、鎌倉以来の名族であった芦名氏は滅んだのです。

この摺上原の戦いの、勝敗の要因はいろいろあると思いますが、最も大きかったのは、やはり風向きでした。伊達政宗はこの戦いの前、事前工作によって芦名側の家臣の離反を確約しており、また兵力差などの関係からも、この戦いでの勝利を信じて疑わなかったと思います。しかしながら、決戦当日の「風向き」によって、危うく大敗北の憂き目に遭うところでした。これは相場でも同じことが言えます。では、具体的に見てみましょう。

次ページは、ファーストリテイリング（9983）の2012年3月～7月の日足チャートです。

3月までさまざまな理由で買われていたファーストリテイリングの株ですが、4月上旬にいったん、安値1万7170円まで下落します。その後、4月12日に決算発表を行い、上方修正と増配を発表しました。この発表を受けて、翌日には株価は窓を空けて1万8270円で寄り付き、1万8970円（終値）まで大幅な上昇をします。この勢いが続けば、株価2万円も夢ではありません。

しかし、チャートにあるように、その後のファーストリテイリングの株価は、4月13日の高値を超えられずに、徐々に株価を切り下げて、6月には1万5200円近辺まで落ちていってしまいました。

株価が下がった理由として、すでに株価が上昇しすぎていたなど、いくつか挙げることができますが、中でも一番影響を与えたと考えられるのは日経平均の下落です。229ページの日足チャートは、ファーストリテイリングと同じ期間の日経平均株価になります。

3月には一時、1万200円もあった日経平均株価は、4月4日に陰線を引いた後（チャートのA）、1万円に近づくこともなく下落をしていき、6月には8500円をも割ってしま

◆ファーストリテイリングのチャート（2012年３月～７月）

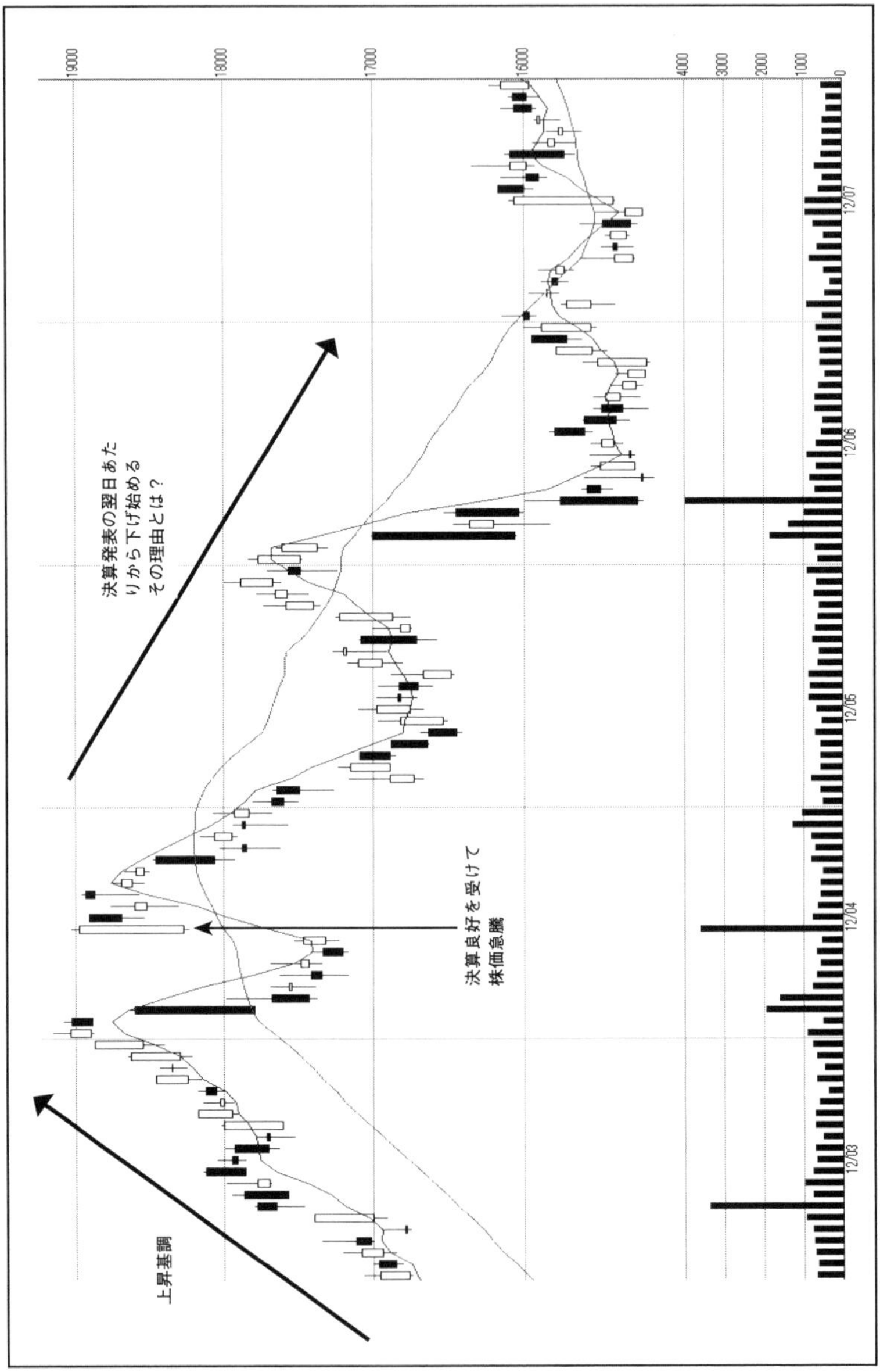

◆日経平均のチャート（2012年３月～７月）

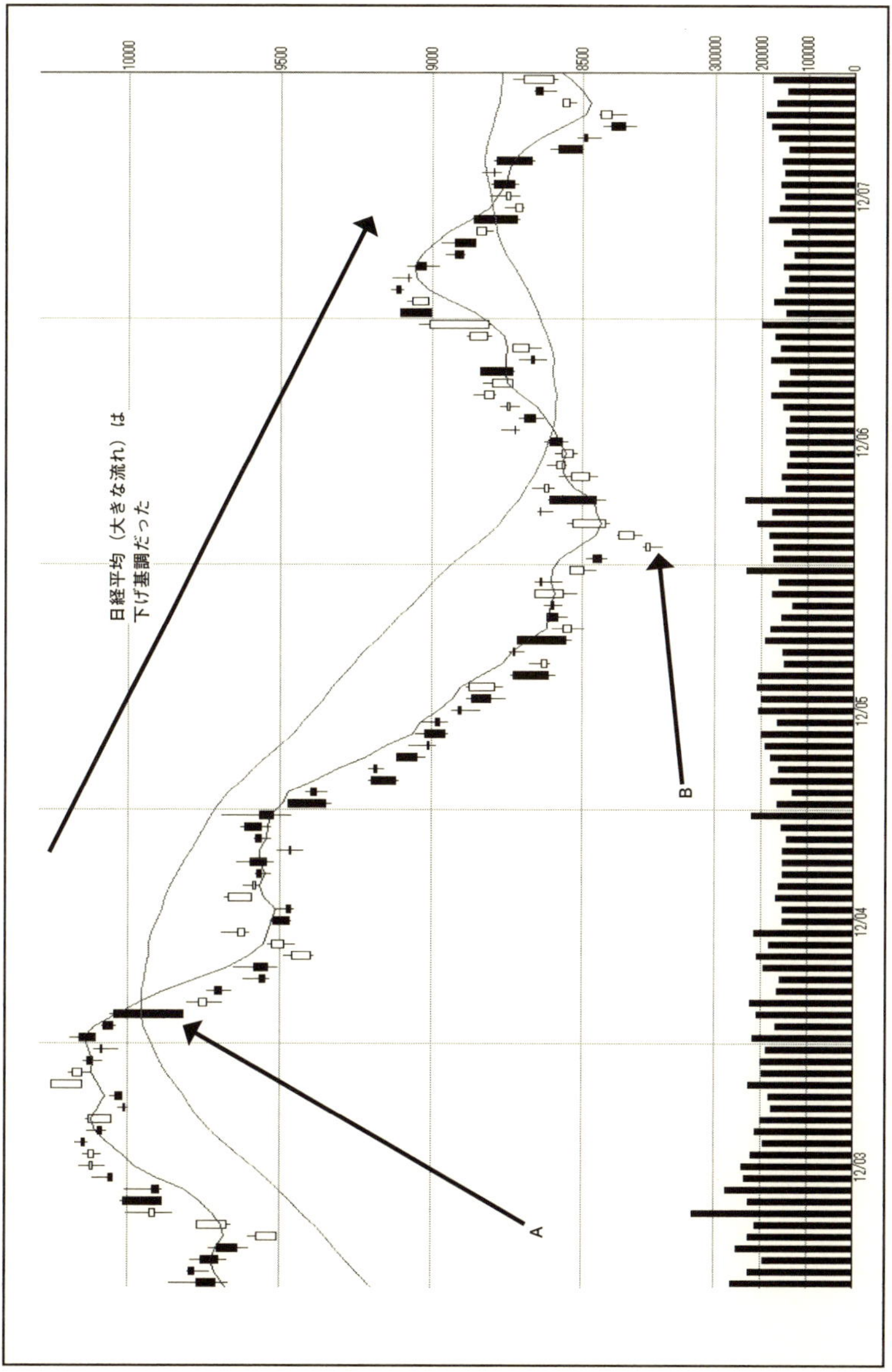

いました（チャートのB）。これでは、いかにファーストリテイリングの決算発表が良くても、上値を追うのは難しい状況といわざるを得ません。なお、ファーストリテイリングの日経平均株価への寄与度の関係等は、ここでは省略させていただきます。

これは伊達と芦名の戦いと同じケースです。いかに、伊達軍有利（個別銘柄が良い）であっても、それよりも大きな天災など（日経平均株価の下落など）の影響によっては、その勝敗の行方はまったくわからなくなります。まさに「木を見て森を見ず」です。

投資では木の状態をよく見つつも、同時に森の状況がどうなっているのか、よくよく観察することが大切です。森の状況によっては、素晴らしい木が目の前にあったとしても、すぐに過信して飛びついたら危険なこともあります。よく様子を見て、どれだけ森が木に影響を与えるのかを観察しましょう。

この森である日経平均株価などの地合いを、あえて「風向き」と呼ぶなら、その風向きに逆らわない方向でトレードします。これが勝率を上げるコツです。強い風が一方向から吹いているときは、なるべくその風向きと同じ方向でトレードを行い、もしもその方向へのトレードが自身の意に反するなら、トレードをお休みするのもひとつの手だと思います。例えば、日経平均株価が下落方向に向かっているときは、個別銘柄のトレードも、空売り（株価が下落すると

①ここだけ見ていると、ボールは下に下がっているように見えますが……（木）

②上昇中のエレベータの中での出来事だとしたら（森）、実は①のときよりも上に“上がっている”ことになります

利益になるやり方）を基本にし、日経平均株価が上昇基調の場合は、個別銘柄も買いを基本にします。全体（日経平均株価など）に歩調を合わせることによって、トレードでの勝率は高確率で上がります。

正考
seikou

個別銘柄ばかりに気を取られずに全体にも気を配る。木を見ながら森も見る。

第6章

投資の神髄

30 最高峰の勝者の思考

本書では、第5章までさまざまな投資の正しい考え方を紹介してきましたが、この最終章では、数多くいる歴史上の偉人の中でも、最高峰の勝者から、投資を行ううえで目指すべき思考を学びたいと思います。

本章では、幕末（江戸時代末期）に対立した「尊王」派と「佐幕（さばく）」派から、250年の時を遡って、徳川家康公が仕掛けた（とうわさされる）密命について考えてみたいと思います。

本書では、「尊王」と「尊王攘夷（そんのうじょうい）」を同列に近いものとして考えることにします。「尊王（そんのう）」とは天皇を尊ぶことであり、必ずしもではありませんが、倒幕（徳川幕府を倒す）の考えを、当時、合わせもっていました。尊王とは逆の考え方を「佐幕」と言いました。「佐幕」とは、徳川幕府を支持することです。

幕末期、アメリカのペリーが来航して以来、日本国内は揺れに揺れ、尊王派と佐幕派が激しく対立しました。その対立は、一藩がまとまって尊王派になり、あるいは左幕派になり、また、藩内での対立などもあり、実にさまざまでした。

それぞれの考え方には発信地がありました。佐幕派の発信地は、徳川一族や徳川譜代とわかります。では、尊王攘夷の発信地はどこだったかというと、実は徳川御三家の水戸藩だったのです。これは不思議です。尊王攘夷は、徳川幕府をある意味、否定するものです（完全否定ではありません）。その発信地が外様大名ではなく、なぜ、徳川一族の中でも、特に「徳川姓」まで許された水戸藩だったのでしょうか？

これは長年にわたって私の疑問だったのですが、井沢元彦先生の著『戦乱の日本史』の中にその答えが載っていました。なんと遡ること250年前、実は、徳川家康が仕掛けたヘッジであるとの説が説かれています。

関ヶ原の戦いなどでもわかるとおり、東西などに分かれて争いが起きて、どちらか一方が敗れると、その敗れた方に属したお家は、ほとんどのケースで断絶します。そのため、戦国時代の小勢力は、大きな戦いの折には、両勢力にお家の者を別々に配置し、一方が滅亡しても、もう一方の者が生き残り、お家だけは存続するように計算していました。このことと同じような事例を本書の第5章28話でも紹介しました。真田家の事例です。事実、関ヶ原の戦いでは、兄が徳川家に、父と弟は豊臣家に分かれて戦うことで、一族断絶の危機を乗り越えました。

その教訓を痛いほど見ていた徳川家康は、将来、万が一、徳川本家と天皇家が対立した場合は、水戸藩だけには、天皇家に味方せよと密命を下していたというのです。もちろん、密命であるので紙面などには残っておらず、決定的な証拠はありません（伝承はあります）。しかし、このように考えると、江戸時代の疑問がすべて一本の理屈で通ります。

一例として、幕末、武勇を誇った15代将軍徳川慶喜公が、鳥羽伏見の戦いで、圧倒的な兵力を持ちながらも、倒幕の薩長軍から敵前逃亡をしたことが挙げられます。ちなみに、徳川慶喜は、1864年に起きた禁門の変で、敵兵と斬り合いをする肉弾戦を行ったほどの人物で、歴代の徳川将軍の中で、これほど勇猛な人はいません。それほどの将軍が、倒幕の薩長軍から敵前逃亡した理由は、薩長軍が朝廷（天皇家）軍の旗印である「錦の御旗（にしきのみはた）」を掲げて攻めてきたところにあります。

徳川慶喜は、実は生まれは水戸藩です。水戸藩の子々孫々に家康の密命が受け継がれていたことを考えれば、徳川慶喜は薩長軍から逃げたのではなく、天皇家との争いを避けるために敵前逃亡したと考えたとしても、少しの不思議もありません。それ以外の疑問も、この説を取るとすべて理屈が通ります。

以上のことなどからも、徳川家康が幕末から250年も前に、密命を出していた可能性は極めて高いと想像できます。恐るべき徳川家康の深謀遠慮。徳川家康は天下を統一した後でさえ、子々孫々にまで驚くべきヘッジを仕掛けていました。

トレードでいえば、猫も杓子も買いをしているような相場で、巨万の富を築いた投資家が、万が一の全滅を避けるために、要所において売りヘッジをしているというイメージになります。

これだけの深謀遠慮をした徳川家康の人生をよくよく観察すると、あることが浮かび上がってきます。それは、**受け入れがたいことを受け入れ、我慢に我慢を重ねて、守りを貫徹している**という点です。

徳川家康は、物心がついたときには他国の人質であり、いつ殺されるかわからない幼少期を過ごしました。独立した後に領内で起きた三河一向宗との戦いでは、自分に刃を向けてきた家臣も許しました。織田信長との同盟時代には、信長から家康の息子に切腹の命が下った際、苦渋に満ちあふれながらも息子に切腹をさせています。豊臣秀吉との対立のときには、関東の北条氏に家臣扱いをされても怒らず、また、秀吉との和解のときには、好まない奥方までもらいました。関東の北条氏が滅んだ後、秀吉によって徳川家先祖代々の土地を召し上げられ、関東に領地替えされても従い　秀吉の死後、関ケ原の戦いで勝者となっても、豊臣家を15年も存続させました。このように、受け入れがたいことを受け入れ、我慢に我慢を重ねて、着実に一歩一歩のし上がり、最後に天下統一を果たしたのです。

投資を行ううえで、この徳川家康ほどのお手本はなく、この家康の人生の一連の行動にこそ、投資の神髄が表れていると言っても過言ではありません。

受け入れがたいことを受け入れるとは、すなわちトレードでいう損切りを指します。一見、家康の人生を前述のように羅列すると、損切りばかりをさせられているように見えますが、実は成功者の多くはこのパターンになっています。被害が甚大になる前に小さな損切りを実行して、前進が容易なときにだけ、ぐいぐいと進んでいくのです。事実、家康は織田信長が討たれた本能寺の変の後に、甲斐（山梨県）、信濃（長野県）の土地で主がいなくなったのを見て取ると、一気に侵攻して、難なく自分の手中に収めています。

次に、我慢に我慢を重ねるとは、あせって一気に勝負をつけにいかないことです。家康は生涯で幾度も勝ち戦を経験しました。通常の人物であれば、勝ち戦に乗じて追撃戦に移ったり、敵を完全に滅ぼしにかかったり、1回で白黒をつけにいくところです。しかし、家康は不確定要素の多い場面では、すぐに守勢にまわっています。通常、1回で終わりそうな事象についても、勝率を上げるためにそ

「自滅」の罠にはまらないようにするには、石橋を叩いてからわたるくらいの慎重さが必要です

れを何度かに分割してから、自分の目的を達成しています。関ケ原の戦いで天下を取った後も、不安要素である豊臣家を存続させ、15年の間に勝率を極限にまで上げてから、滅ぼしにかかっています。さらに、その豊臣家討滅の戦いでは、圧倒的優勢にもかかわらず、万全を期するために2回に分けて戦を行っています（大坂冬の陣、夏の陣）。家康は、決してあせらずに、着実に自分の戦いの勝率を上げて、ひとつひとつ目的を達成していったのです。

これらの点から、総合的に徳川家康という人物を見ると、決して自滅をせずに、守りの達人であったことがよくわかります。これは投資の世界においてもまったく同じです。私は2005年に専業投資家になってから、現在、本書を執筆するまでの数年の間に、相場の恐ろしさを嫌というほど味わいました。2006年にはライブドアショック、2008年にはリーマンショック、2011年には東日本大震災……。細かいものまで挙げると枚挙にいとまがありません。そして、当初、切磋琢磨していた投資家の友人たちも、この荒波によってかなりの人が消えていきました。

この激動の相場を見続けてきて、私は断言できます。消えていった投資家の方と、今も継続して活躍している投資家の方たちの決定的な違いは、やはり**防御力**にあると。消えていってしまった投資家の方たちは、自ら失敗を招いていることが多く、ある意味、自滅してしまったのです。逆に、今も活躍している投資家の方たちは、決して自滅をせず、極めて防御力に優れています。

一般的に、誰もが利益を得る目的を期待して投資を行います。当たり前のことですが、投資を行うと勝ち負けがあり、儲けの部分と損の部分が発生します。そして、誰もがこの儲けの部分をいかに増やそうかと考えます。

しかし、投資の神髄とは実はそこではないのです。**投資の神髄とは、いかに損失部分を少なくできるか**ということなのです。投資が人との競い合いであると仮定するのなら、実は、いかに**損失部分を少なくできるかどうかという競い合い**が、勝者か敗者かの分水嶺になっているのです。この投資の神髄を知らずに投資を行うため、多くの方が成功に至らないのです。

投資の神髄を理解し、防御力を備えてから、チャートなどを使った攻撃、その他、さまざまなテクニック等を用いた投資手法などを展開してください。そのとき、はじめてその攻撃部分は最大の威力を発揮することになります。そうです、一流の投資家への道を歩んでいけるのです。

正考
seikou

投資の神髄とは、自滅せずに、損失部分をいかに少なくするかである。

あとがき

歴史の事象には、さまざまな人間模様があります。まさに学ぶものの宝庫であると常々考えていました。投資をしていると、いろいろな危機に遭遇したり、究極の決断に迫られたりする場面があります。その折、この場面はあの合戦の場面に似ていると思ったり、あの偉人が決断をした場面の趣旨と同じだと考えたりなど、投資と歴史の事象には、極めて多くの共通点があると感じていました。

私は子供の頃から歴史が好きだったために、投資を行う以前から、歴史の話には、慣れ親しんできました。そのせいでしょうか、投資で究極の決断をするときには、その歴史の教訓が生きてきました。歴史での学びが投資を行ううえでの私を、いろいろと助けてくれました。本書を執筆しようと思った理由はそこにあります。歴史の事象の趣旨を理解すると、投資の場面においても、正しい判断に行きつく可能性が高くなるからです。

本書の執筆にあたりましては、膨大な時間をかけて、誠心誠意、心を込めて一生懸命に書きました。本書が投資を行うにあたり、皆様の一助になればうれしい限りです。

本書の出版にあたり、きっかけをいただいた羽根さん、夕凪さんありがとうございました。おかげ様で、出版の運びとなりました。

本書の内容は防御面が重視された内容となっています。一般的に、このような投資本は、華やかな攻撃が書かれているものよりも販売部数が少なくなる傾向にあるそうです。しかし、それを承知されながらも、本書が投資家のために素晴らしい内容だと認めてくださり、本書の出版を快諾してくださったパンローリングの後藤社長、ならびに編集の磯﨑さんに感謝いたします。

また、本書執筆にあたり、例に当てはまるチャートなどの理想的な銘柄の検索に協力してくれた、友人のひろしさん、avexfreakさん、ＲＵＮさん、夕凪さん、さとちゃん、るっちさん、ありがとうございました。

また、日頃より投資仲間として仲良くしてくれる友人、エンジュクの皆様、さらにはパンローリングさん、そして、本書をわざわざ手に取ってくださり、最後まで読んでいただいた皆様に、心より感謝の気持ちをお伝えします。本当にありがとうございました。

なお、本書における私の著者としての印税は、パンローリングさんより直接、日本赤十字社を通じて、東日本大震災で被災された方々に、その全額を寄付させていただきます。

平成２５年３月　上総介

著者紹介：上総介（かずさのすけ）

千葉県館山市出身。資産運用会社経営。7年間負けなし（年間損益）のプロ投資家。投資において最も大切な高い防御力を武器に、2006年のライブドアショック、2008年のリーマンショック、2011年の東日本大震災の年にも、極めて安定した収益を出し続ける。
250万円から始めた運用資産総額は現在1億円を超えて、毎年増加している。ホームランはあまり打たないが、ヒットを量産して利益を上げる投資家として数々のマネー誌や雑誌で紹介され、ブログランキングでも常に上位の人気を得ている。
旅人としても知られ、国内47都道府県のすべてをまわり、海外も35カ国の訪問を果たす。また、歴史にも精通して古戦場や全国のお城、歴史資料館を廻り、これらを投資に役立たせている。

2013年05月03日　第1刷発行
2013年05月13日　第2刷発行
2014年02月02日　第3刷発行
2014年12月02日　第4刷発行
2015年05月02日　第5刷発行
2018年08月01日　第6刷発行
2023年11月01日　第7刷発行

稼げる投資家になるための投資の正しい考え方
～歴史から学ぶ30の教訓～

著　者　　上総介
発行者　　後藤康徳
発行所　　パンローリング株式会社
〒160-0023　東京都新宿区西新宿7-9-18-6F
TEL 03-5386-7391　FAX 03-5386-7393
http://www.panrolling.com
E-mail　info@panrolling.com
装　丁　　パンローリング装丁室
組　版　　パンローリング制作室
印刷・製本　　株式会社シナノ

ISBN978-4-7759-9123-7

ジャック・D・シュワッガー

現在、マサチューセッツ州にあるマーケット・ウィザーズ・ファンドとＬＬＣの代表を務める。著書にはベストセラーとなった『マーケットの魔術師』『新マーケットの魔術師』『マーケットの魔術師［株式編］』（パンローリング）がある。
また、セミナーでの講演も精力的にこなしている。

ウィザードブックシリーズ 19

マーケットの魔術師
米トップトレーダーが語る成功の秘訣

定価 本体2,800円+税　ISBN:9784939103407

トレード界の「ドリームチーム」が勢ぞろい

世界中から絶賛されたあの名著が新装版で復刻!

投資を極めたウィザードたちの珠玉のインタビュー集!

今や伝説となった、リチャード・デニス、トム・ボールドウィン、マイケル・マーカス、ブルース・コフナー、ウィリアム・オニール、ポール・チューダー・ジョーンズ、エド・スィコータ、ジム・ロジャーズ、マーティン・シュワルツなど。

ウィザードブックシリーズ 201

続マーケットの魔術師
トップヘッジファンドマネジャーが明かす成功の極意

定価 本体2,800円+税　ISBN:9784775971680

『マーケットの魔術師』シリーズ 10年ぶりの第4弾!

先端トレーディング技術と箴言が満載。「驚異の一貫性を誇る」これから伝説になる人、伝説になっている人のインタビュー集。マーケットの先達から学ぶべき重要な教訓を40にまとめ上げた。

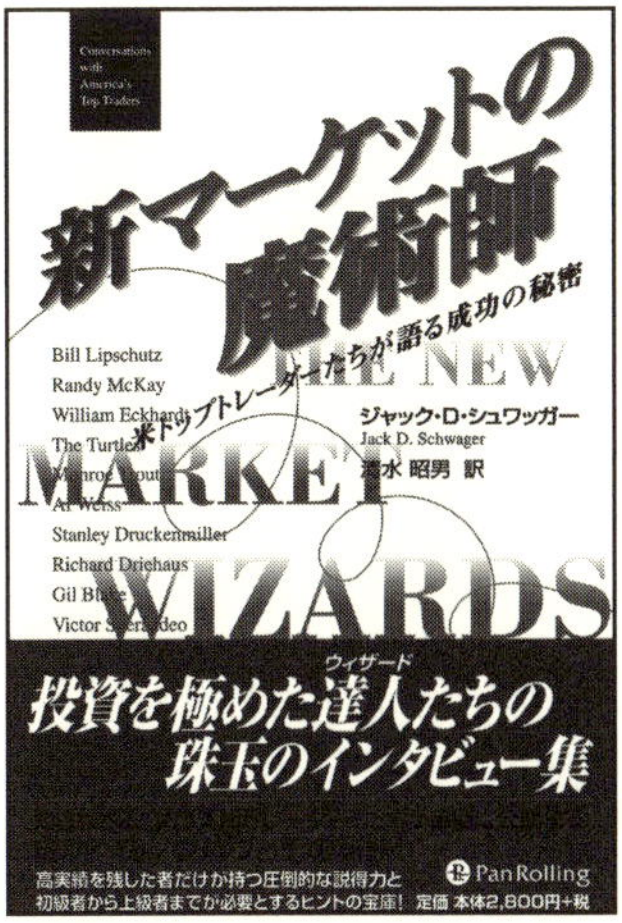

ウィザードブックシリーズ 13

新マーケットの魔術師

定価 本体2,800円+税　ISBN:9784939103346

知られざる"ソロス級トレーダー"たちが、率直に公開する成功へのノウハウとその秘訣

投資で成功するにはどうすればいいのかを中心に構成されている世界のトップ・トレーダーたちのインタビュー集。17人のスーパー・トレーダーたちが洞察に富んだ示唆で、あなたの投資の手助けをしてくれることであろう。

- ●ビル・リップシュッツ　八年間負け知らずで五億ドルを稼いだ「通貨の帝王」
- ●ランディ・マッケイ　毎年、前年以上の収益を達成し続けている「ベテラン・トレーダー」
- ●ウィリアム・エックハート　驚異的な勝ち組「タートルズ」を生み、年間収益率60%を誇る「実践的数学者」
- ●モンロー・トラウト　システムと相場観を調和して、最高のリターンを叩き出す「ポジション・トレーダー」
- ●アル・ウェイス　四年をかけて150年分のデータを分析し尽くした「チャートの生き字引」
- ●スタンレー・ドラッケンミラー　ソロスの下で、柔軟さと多様性を身に付けた「売りの名人」
- ●リチャード・ドライハウス　「高値で買い、さらに高い値で売る」極意で年率30%を誇る「買いの名人」
- ●ギル・ブレイク　損失補填まで保証し、年利益率20%以下に落としたことがない「堅実性の覇者」
- ●ビクター・スペランディオ　マーケットの年齢と確率を計算し、年平均72%を18年続ける「究極の職人」
- ●トム・バッソ　どんな事態にも冷静沈着に対応する精神を持つ「トレーダーのかがみ」
- ●リンダ・ブラッドフォード・ラシュキ　音符を読むように価格変動を予測する「ナンバーワン短期トレーダー」
- ●マーク・リッチー　膨大な収益をアマゾン・インディアン救済のために使う「ピットに降りてきた神様」
- ●ジョー・リッチー　高等数学の行間を読み取り、世界一のトレディング・オペレーションを構築した「直感的な理論家」
- ●ブレアー・ハル　有利なオプションを組み合わせて、6年半で137倍の収益を上げた「元ギャンブラー」
- ●ジェフ・ヤス　相手の取引技術や知識によって自在に見方を変える「オプションの戦略家」
- ●ロバート・クラウス　「勝利に値する人間である」ことを潜在意識に認識させることが、成功への第一歩になる

ウィザードブックシリーズ 208

シュワッガーのマーケット教室

なぜ人はダーツを投げるサルに投資の成績で勝てないのか

定価 本体2,800円+税　ISBN:9784775971758

一般投資家は「マーケットの常識」を信じて多くの間違いを犯す

シュワッガーは単に幻想を打ち砕くだけでなく、非常に多くの仕事をしている。伝統的投資から代替投資まで、現実の投資における洞察や手引きについて、彼は再考を迫る。本書はあらゆるレベルの投資家やトレーダーにとって、現実の市場で欠かせない知恵や投資手法の貴重な情報源となるであろう。

トム・バッソ

トレンドスタット・キャピタル・マネジメントの株式と先物の元トレーダー。1980年から株式の運用を始めて年平均16%、1987年から先物の運用し始めて年平均 20%の実績を残す。『新マーケットの魔術師』で取り上げられ、どんな事態でも冷静沈着に対応する精神を持つ「トレーダーのかがみ」として尊敬を集めた。

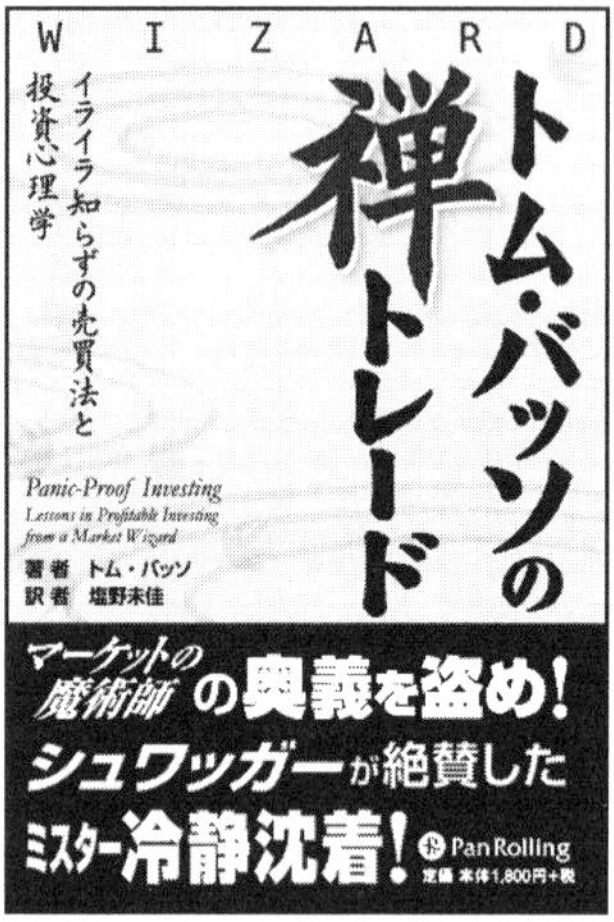

ウィザードブックシリーズ 176

トム・バッソの禅トレード

定価 本体1,800円+税　ISBN:9784775971437

投資で成功する心構えと方法とは

資産運用ビジネスをしていて良かった。そう感じることが何度もある。このような本を執筆できるのもそのひとつだ。他人の資産を運用し始めてかれこれ一七年になるが、今でも多くの人が自分の資金をうまく管理運用できていないことに驚いている。わたしは投資のことで試行錯誤を続けている多くの人と出会った。資産運用業界に対しては手厳しい人が多いが、なかにはもっともな理由がある場合もあるが、そのほかの人は単に知識がないだけであり、資産運用という問題にどう対処したらよいのか分からないようだ。―――――――――― はじめに（トム・バッソ）

目次

マーク・ダグラス

シカゴのトレーダー育成機関であるトレーディング・ビヘイビアー・ダイナミクス社の社長を務める。商品取引のブローカーでもあったダグラスは、自らの苦いトレード経験と多数のトレーダーの間接的な経験を踏まえて、トレードで成功できない原因とその克服策を提示している。最近では大手商品取引会社やブローカー向けに、本書で分析されたテーマやトレード手法に関するセミナーや勉強会を数多く主催している。

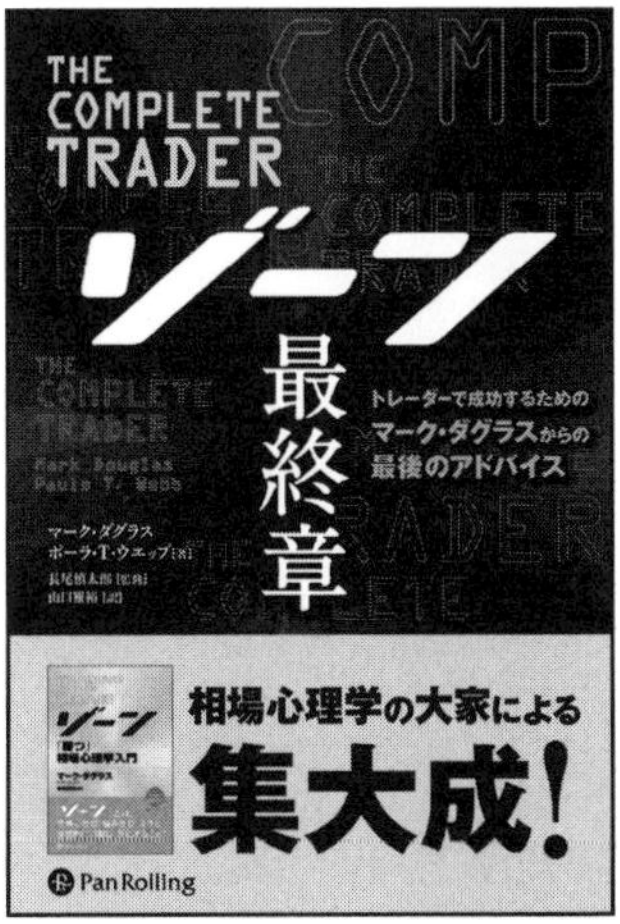

ウィザードブックシリーズ 252

ゾーン 最終章
トレーダーで成功するための マーク・ダグラスからの最後のアドバイス

MP3 音声データCD オーディオブックあり

定価 本体2,800円+税　ISBN:9784775972168

トレード心理学の大家の集大成！

1980年代、トレード心理学は未知の分野であった。創始者の一人であるマーク・ダグラスは当時から、この分野に多くのトレーダーを導いてきた。本書を読めば、着実に利益を増やしていくために何をすべきか、どういう考え方をすべきかについて、すべての人の迷いを消し去ってくれるだろう。

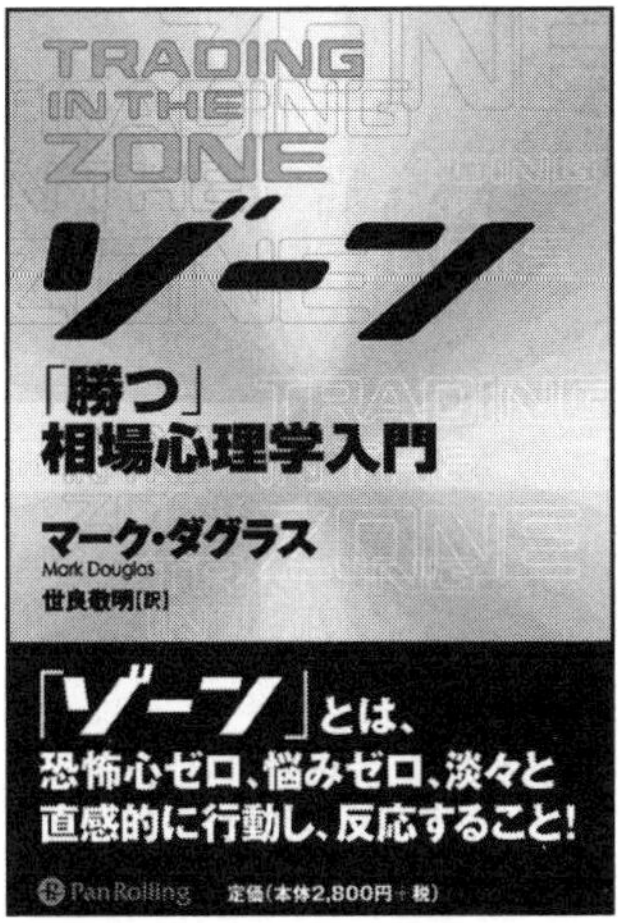

ウィザードブックシリーズ 32

ゾーン 勝つ相場心理学入門

MP3 音声データCD オーディオブックあり

定価 本体2,800円+税　ISBN:9784939103575

「ゾーン」に達した者が勝つ投資家になる！

恐怖心ゼロ、悩みゼロで、結果は気にせず、淡々と直感的に行動し、反応し、ただその瞬間に「するだけ」の境地…すなわちそれが「ゾーン」である。

「ゾーン」へたどり着く方法とは？

約20年間にわたって、多くのトレーダーたちが自信、規律、そして一貫性を習得するために、必要で、勝つ姿勢を教授し、育成支援してきた著者が究極の相場心理を伝授する!

ウィザードブックシリーズ 114

規律とトレーダー

定価 本体2,800円+税　ISBN:9784775970805

トレーディングは心の問題であると悟った投資家・トレーダーたち、必携の書籍！

MP3 音声データCD オーディオブックあり